野蠻與文明

龔立人 著

時代論壇
CHRISTIAN TIMES LTD

▼

時代論壇書系

野蠻與文明

作者
龔立人 Kung, Lap-yan

責任編輯
羅民威

裝幀設計
奇文雲海 · 設計顧問

■

聯合出版

基道出版社
香港沙田火炭坳背灣街26號富騰工業中心1011室
LOGOS PUBLISHERS
Unit 1011, Fo Tan Ind. Centre, 26 Au Pui Wan St.
Shatin, Hong Kong
電話：(852) 2687-0331 傳真：(852) 2687-0281
網址：http://www.logos.com.hk

基督教時代論壇週報
香港九龍油麻地彌敦道476號優質教育集團中心11樓
CHRISTIAN TIMES
11/F.,Quality Education Tower, 476 Nathan Road,
Yau Ma Tei, Kowloon, Hong Kong.
電話：(852) 2785-7688 傳真：(852) 2785-8335
網址：http://www.christiantimes.org.hk

發行
基道出版社

承印
基業印刷廠有限公司

●

9/2008 初版
Cat. No. LP920
ISBN 978-962-457-359-6

Printed in Hong Kong

刷次	10	9	8	7	6	5	4	3	2	1
年份	2017	2016	2015	2014	2013	2012	2011	2010	2009	2008

自序

野蠻與文明的分別不只關乎對理性的不同態度，更牽涉如何理解人際相處的相互性。相互性包括對人的禮貌、與人的合作、對自由和平等的相信，並願意為他者的福祉著想。所以，文明不只是以理服人，因為理性可以沒有人情味。但文明又不等於讓每個人都可以自由地選擇他們生活的方式，因為文明是一個關係性詞彙。一種只強調寬容的文明可能將人的文明摧毀。相反，野蠻不等於「聲大」和粗魯，反在於他是否以一種控制意識與人相處，甚至使用暴力。因此，我們會遇上假裝的文明人——他們對人有禮貌，但卻以控制意識來處理人際關係。同樣，我們也會遇上被人誤解的野蠻人——他們說話很大聲，但卻願意為他者福祉著想。

有人認為野蠻的出現與迷信和無知有關，以致他們相信透過學習新的知識就會改善野蠻程度。這只說對了一半，因為若野蠻是關乎一種控制意識的話，我們看不見有知識的人就會放下他們的控制意慾，反而他們可能懂得以更合理理據繼續他們對周遭的控制。因此，在肯定知識的重要之外，我們還需要對生命（靈性）的培育，以致我們體驗人的相互性所要的尊重和委身。事實上，生命的培育比知識的學習更艱難。坦白說，我看見很多有知識的霸道者，以高舉真理為由，對人進行不同程度的欺壓。當然，所謂有知識與無知，可能是錢幣的兩面。只強調自己是有識之士時，他原來是最無知；又當認識自己的無知時，他可能已離有識之士的境界不遠。

在這信念下，我開始撰寫〈野蠻與文明〉這專欄，希望透過公開對社會和教會的野蠻行為之批判，為受其意識控制的人開闢一條自由和相互之路。在其中，我承認開罪了很多人，甚至有傳聞說，被我所批評的人中，有人要告我毀謗。查實，我不是一個好勇鬥狠的人，對人絕沒有任何惡意中傷。或許，我只是一個忍不住口、沒有太多顧慮和不計較個人名譽的人。因此，說話也少了顧忌。有網友說：「因為龔立人在香港中文大學崇基學院神學院任教，不拿教會錢，所以，他的膽子就大起來。」他錯了。崇基神學院沒有拿公帑來支薪，經費全由教會、奉獻和學費而來。感恩的是，神學院眾同工沒有給我壓力，以致我可以自由地說話。至於我的批判是否又成為另一野蠻行為？這留待讀者的批判。

因本書的焦點是教會生活，所以，本書只收錄〈野蠻與文明〉專欄有關教會課題的文章。至於其他文章已結集成另一著作：《後九七香港夢幻生活——回憶、符號與空間》。

本書分為野蠻與文明兩部分，但查實，這兩部分的分別並不明顯，因為在同一件事中，就有野蠻和文明。然而，為了方便讀者閱讀，一種人為的分類總是需要的。最後，我不得不多謝《時代論壇》容許我每週分享我的觀察和體會，更多謝那些因為我的緣故而承受不同壓力的朋友。

二〇〇八年七月一日

目　錄

文明篇 71

野蠻篇

靈性的虛榮

鰥夫本身是一個可憐的身分，他很容易贏取別人的同情與憐憫。若他是一位牧者或神學教授（被視為上主的僕人），又以文字寫出他經歷的話，他所得到的同情和尊重將會很大。我就是這樣的一個人。我因我的經歷被很多人關懷和慰問，被邀請到不同群體主講佈道會和苦難的課題，甚至被視為靈性的導師。若不是我的經歷，我相信我不會得到如此厚待，而只會被視為一位「鬧事」者。但如今，我是「鬧事」者，也是有「經歷」的人。容許我坦白說，昔日的傷痛竟然成為我今日的「榮耀」。然而，這更可能是誘惑。

這是誘惑——為了賺取別人的關懷與憐憫，我重覆又重覆自己的經歷。意即，為著自己經歷傷痛的同時，我卻暗暗地笑起來。當然，我不需逃避自己的過去，但也不要濫用自己的過去，爭取利益。這就是我所說，靈性的虛榮。因此，我很小心處理自己的過去，免得我欺騙了關心我的人。

以上的分享不是以反省的方式來賺取你們的尊重，而是想跟面對這樣試探的朋友說：「小心靈性的虛榮。」二十多年前，我曾在福音戒毒機構事奉。期間，我認識一位朋友。他曾吸毒，但在上主的恩典下，他戒了毒，並且重拾書本。完成了中學課程後，他選擇讀神學，成為牧師。不但如此，他更完成神學博士課程，當上神學教授。然而，他從不主動分享他昔日的經歷，也不高舉他的靈性經歷。縱使他的靈性體驗如何的真實，他沒有以此來賺取別人對他的尊重。他謙卑地與人接觸，但沒有以見證上主為由，不斷述說自己的往事，因為他知道靈性的虛榮就是生命的墮落。

當下，我為著兩種基督徒擔心。第一，就是那些有靈恩經歷的基督徒。他們常常以不同形式主動向人分享上主如何賜福給他們。他們很熱心為上主作見證，但我總覺得他們的信仰生活欠缺深度，因為他們見證出來的信仰竟然沒有瑕疵，沒有遺憾。他們見證自己的身分，還是一個有血有肉的信仰？第二，就是那些在不同場合不斷重覆又重覆他昔日經歷的基督徒。例如，昔日的我是一個壞孩子（甚至黑社會分子），但在上主的恩典下，我今日成為一位有抱負和有成就的人。除了昔日片段外，他似乎沒有新的經歷與體會。他將昔日的片刻無限放大，並以這片面的人生來賺取其他人的掌聲。這是靈性的虛榮與虛偽。

信耶穌

在一次探討巴勒斯坦人所受到不公平的對待時，其中一個參加者說：「我們需要將福音傳給他們。他們最需要的，就是信耶穌。」對於這種「信耶穌就可以解決一切問題」的信念，我並不認同。

第一，說這些話的人反映他們對世界並不認識，對人的需要沒有感覺。所以，當遇上饑餓時，他們向饑餓者說：「信耶穌」；當人被虐打時，他們向負傷者說：「信耶穌」。無知使他們將耶穌偶像化，也將人的需要靈意化。他們佔基督徒人數多少？相信數目不大，但他們的聲音卻很響亮。

第二，他們的回應也表達出他們信仰的膚淺。他們將不公義的問題化約為信耶穌。結果，不公義的事不但沒有被挑戰，當事人只會以「伸冤在我（上主），我必報應」的逆來順受態度去面對不公義。這種對信仰膚淺的理解不但使非信徒看不起基督信仰，更塑造一個質素低劣的基督信仰。

第三，在無知和膚淺外，他們的回應反映他們的虛偽。虛假不是因為耶穌沒有改變人類命運的能力，而是因為說這話的人將一切他們可以負的責任推卸在耶穌身上。意即，若不講「信耶穌就可以解決一切問題」，他們就要問自己：「可以為有需要者做甚麼？」可惜的是，在虛偽中的人不覺虛偽，因為他們也被虛偽欺騙了。

第四，虛偽的另一面就是他們不相信他們所宣講的。當他們為中國與香港政治環境祈禱時，他們選擇不提六四事件，因為他們知道信耶穌與六四事件無關，但卻與奧運有關。他們很懂得政治性地分開耶穌可以解決甚麼問題，但卻沒有告訴人，反而只說：「信耶穌就可以解決一切問題。」這是不誠實。

第五，容許我說得嚴重一點，說「信耶穌就可以解決一切問題」的人可能並不是信耶穌的人。他們只是選擇地相信耶穌，甚至將耶穌偶像化。弔詭的是，他們卻是最熱心宣講耶穌，四處講見證。有人說：「無論如何，他們都把耶穌傳開了。」然而，解碼卻不是一件容易的事，甚至比勸人信耶穌更艱難。因此，亂傳福音倒不如不傳，因為福音在一些人身上可以淪為災難。

按以上的推論，我似乎不相信「信耶穌就可以解決一切問題」。坦白說，我真的不相信，因為我無法接受當中的無知、膚淺、虛假和偶像化。因此，我總忍不住氣要跟這些人爭論到底。霎時間，我也變得無知與膚淺，因為我仍天真地相信他們可以理性點對話和看事物。我不知要到甚麼時候，我才可以包容地與他們相處，但若這一天真的出現時，這不是我的成熟，而可能是我對信仰的妥協。

誰更無知

牧者對會友有一個錯誤假設，就是會友對信仰無知，以致他們傾向對會友多加保護，防受污染。有趣的是，這些會友都是二、三十歲的人。當然，二、三十歲不代表他們對基督教信仰就有分辨能力，但他們卻不是初信者。那麼，會友的無知是因他們本身信仰的膚淺，還是因牧者們從沒有讓他們成長過？

有牧者說：「不要入讀某神學院，因為它太自由了。」縱使牧者們沒有很直接地說，他應要入讀一間思想灌輸的神學院，但牧者們所認為的正統信仰與思想灌輸沒有太大分別。這種對會友的保護是福還是禍？可惜的是，會友又毫無批判地全然接受牧者們的建議。坦白說，當牧者連教育的本質都弄不清時，他們就不會明白甚麼是神學教育。更離譜的是，參與神學教育的工作者可能也不明白甚麼是教育。接受這樣的神學教育和在這樣教會長大的人如何可以成長？

另一個場合，有一位牧者說：「你對這議題的開放程度會降低會友對真理的執著。再者，你的看法會影響他們的信仰，對真理變得含糊。」對於他的憂慮，我回答：「第一，你假設會友對真理有很高要求，所以，我的教導是降低他們的要求。但現實不一定是這樣。會友不是不明白真理，而是這所謂真理的要求與他們的生活有很大的距離。我的教導反而提升他們呢！」「又若我們相信我們所信的是真理，為何真理就可以不受挑戰？難道我們怕受挑戰後，真理不再是真理嗎？」

牧者對會友生活的假設和對真理的偶像崇拜，使他們活在無知中，並以無知態度對待會友。事實上，在我認識的朋友中，大部分對信仰都有不同理解，但他們甚少在教會裡表達，為免令牧者們不知所措。究竟誰對信仰無知？

牧者對信徒的保護也透過思想審查來進行。例如，有教會因某基督教報章容許有他們不認同的觀點發表而不訂閱，因為他們認為這會影響他們的會友。若這報章常常報道不實，又挑撥離間，不訂閱是可理解的。但若因不認同某些觀點而不訂閱，我相信這是一種外星人才會做的事。試問我們會否因電視有不利基督教節目而拒絕不收看電視？試問我們會否因足球場上有人講粗口而不看足球比賽？

家中兒女的成長常常提醒我，不要以小孩子的眼光看她們。她們可能會犯錯，但她們不要貼身的保護。她們成長了，但牧師願意讓會友成長嗎？

牧師不是「大晒」

每當出席有牧師擔任嘉賓講員的講座，我發現很多時，很多牧師在我發言後都會主動作出某些補充。有趣的是，他們都會用同一句話作開場白，就是「作為牧師，我的看法……」。不用多說，內容多是不同意我的觀點。因我認為講座不應只由嘉賓講員過分主導，所以，我多選擇不再回應他們的回應，但奇怪的是，牧師們卻沒有這意識，以致講完又要講。

對於牧師們對我的發言之回應，我應當謙虛接受。事實上，有些牧師的回應確指出我的盲點，但有些牧師的回應，我卻不敢恭維。第一種情況，他們的回應算不上是回應，只是一種信仰的宣稱。意即，他們沒有考慮為何我要這樣想和這樣處理，只看見我推論的結果與他們所持的傳統不同，就急不及待要為維護真理，宣告基督教是如何如何。或許，牧師自覺有一份維護信仰真理的責任，以致他們不能不說（像先知耶利米）。他們的積極維護不但減少參加者回應的機會，更阻嚇他們有不同想像的勇氣。此外，牧師們往往沒有留意信仰的多元性，以致他們以為他們的信仰詮釋就是唯一，別的詮釋就是不對。

第二種情況，就是牧師們以「作為牧師」為理由去拒絕我的觀點，因為他們認為我是神學工作者，而我所考慮的不是從牧師或堂會的考慮出發。更重要，他們認為信徒不可以有我這樣的神學。我的神學訓練教導我，作為牧師，他同時是一個神學工作者。反之亦然。所以，神學工作者與牧師不但不是對立，更不是兩套準則。相反，他們是站在同一陣線。當然，我承認他們之間有一定的張力，但這張力是透過對話和誠實來處理，而並非透過「作為牧師」來解決。這只會令信徒進一步將神學與信仰分割。

第三種情況，「作為牧師」本身可以很有建設性。例如，它代表牧養角度。可惜的是，這不是我常遇上的經驗。相反，它可能只是一種對自己身分的維護。當然，我不願意這樣想，但卻有這樣的人。意即，為了自己昔日言論和教導的有效性，他只可以用「作為牧師」掩飾自己的恐懼，對異於他的言論作否定。

牧師不是「大晒」，牧師也知道，但會眾的順服容易使牧師忘記自己的不足。為了牧師，我們齊說：牧師不是「大晒」。

信任

當孩子還年少時，我要為她們選擇學校、房間佈置，甚至食物。當她們長大後，我的參與愈來愈少，甚至學校選科一事也是由她們自己作決定。當然，有家長未願意承認子女成長的事實，以致事事干預。

近日，我經歷兩件令人很失望的事。第一件事，有團體負責人透過控制資訊，代其會員選擇。他恐怕有多個選擇出現時，其會員可能不選擇他期望的選擇。把心一橫，封鎖消息，以致會員在不知情況下聽從他的決定。他的做法不僅是沒有自信的表現，更是侮辱會員對他的信任。縱使會員的選擇可能不是他期望的選擇，這又何妨呢！因為尊重比聽從更寶貴。可惜的是，這不是他所相信的，以致他不介意利用對資訊的控制而操縱結果。這是悲哀。

現實上，作為堂會的牧師總避不開以上情景。例如，堂會每日都會收到很多機構寄來的傳宣單張，但堂會空間卻有限，可以張貼的海報只是很少數。問題是：牧師用甚麼準則來挑選？這挑選是否等同資訊控制？我承認這可算是一種控制資訊，但因資訊太多而作出篩選，這是可理解的。那麼，問題不是篩選，而是篩選者的心態。意即，他是要藉此操縱會友的決定還是只作出推介。推介與操縱的分別在於當會友的選擇有別於牧師的推介時（例如，選讀神學院），牧師會以尊重和信任的態度相對還是堅拒決絕支持。前者的態度屬於推介，後者的態度屬於操縱。

第二件事，有團體負責人為了照顧多數人的利益而犧牲了少數人的利益。問題是：所謂多數人的利益可以是一個空洞的概念，因為團體負責人將自己的想法等同多數人的想法。換句話説，他只是維護自己的利益或方便（不論實際收益與否），卻用了多數人為理由自辯。這是另一種操縱。

現實上，我們知道多元是社會的現實，達至共識不是一件容易成就的事。但不應因此就要用操縱民意的方法為自己辯護。一方面，我們可以説，這是政治的現實——權力鬥爭；另一方面，我們拒絕以這種思維來相處，因為權力鬥爭並不牽涉共同福祉（common good）的觀念。更重要，前者只會加深不了解，甚至是對弱勢者一種欺負。這豈是教會所嚮往的？

如起初所説，子女已經長大了，我們就要對他們有信任，也要對自己有自信。學懂尊重，但有對話；放下操縱，但有指導。

虛偽的尊重

與一位相識三十多年的同學相聚，期間我們談到國內貧窮人生活狀況（他在國內工作已有十五年）。他說：「一個鄉村姑娘在鄉下吃不飽，她就可以跑去城市打工。每月工資一千多元。左除右扣（包括匯款回鄉），每月只剩下數百元。相反，若她選擇在澳門當娼妓，每月扣除基本開支仍有七、八千。這是國內鄉村姑娘的選擇。」

我反駁說：「當一個人在極度貧窮下，選擇賣淫可以被理解為一種選擇嗎？表面看來，她是自願，因為沒有人迫她賣淫。當以為以『選擇』來表示對她尊重的話，實際上說這話的人是一個虛偽的人，因為他將問題從個人推得一乾二淨。」

我繼續說：「若一個人不是因生活基本所需而選擇賣淫，我會說這是選擇。但若一個人是因貧窮而選擇賣淫，我絕不會說這是選擇。她是被生活所迫，是一個沒有選擇的選擇。或許，站在存在主義理念上，人不會沒有選擇。但將個人選擇放在唇邊的做法正是資本主義的做法。在選擇意識下，這是個人的決定，與社會無關。所以，我們無需考慮在社會層面上改善貧窮人的生活。」

他回應：「這些鄉村姑娘忘記了一件事，就是她們的鄉村生活才是最令人嚮往的生活。事實上，我每日都選擇吃粗米，並愛吃蕃薯。再者，鄉村的空氣和生活方式是都市人沒有的。」我並不反對他的評論，但我總有點不舒服，因為他將鄉村生活浪漫化。更重要的是，他從一個沒有生活壓力和可出可入的角度講鄉村生活。

我跟他說：「我有一位朋友，他有一個農場，想聘請農夫協助耕種。每日工作八小時，每月工資六千五，但卻沒有人問津，因為很多人知道耕種是很辛苦的。相對地，那些只在週日耕種二至三小時的人反會覺得耕種很寫意和很浪漫。當耕種是他們的生活，並要面對全球化帶來的競爭時，農村的生活並不是那麼寫意。坦白說，當一個人帶著一大堆鈔票去耕種，不計意收成，而向鄉村人說：『鄉村生活才是最令人嚮往的生活』時，這是另一種虛偽。」

此刻，我想起一位神父的分享。一位住在巴西貧民窟，並有四位孩子的母親，待孩子入睡後，她祈禱：「上主，求你讓我今晚接到足夠的客（賣淫）。」這是她的選擇嗎？

尋求真正的寬容

在西方自由社會，寬容已成為一個重要的價值。起初，寬容主要是針對宗教的不同，但到現在，寬容已擴展到生活各層面，例如：種族、家庭和同性戀這些議題上。自由主義認為寬容有助減少矛盾和紛爭。結果是，我們將美好生活停留在個人層面上，由個人自己決定，因為任何與制度有關的安排往往被理解為對個人生活的控制。個人自由成為社會最高的價值。

寬容之所以成為最高的價值，因為西方社會的經驗指出一切對美好的界定往往成為對弱勢者的欺壓。因此，自由民主是對弱勢者的保護。這理解將昔日對公共福祉的追求轉移對避免邪惡的出現。從此來看，寬容並非純粹一種自我放縱，反而是關乎德性，就是對人的尊重。可惜的是，當下的發展卻將對追求公共福祉行為持懷疑態度，而寬容就只有走向更私人化生活的意思。

寬容作為公共福祉不足以幫助我們處理當下生活的困境，因為它不講求連繫。寬容只將自己鎖定在自己的世界裡。在這理解下，寬容不牽涉互相尊重，反而成為陌生人。Michael Walzer説：「寬容結束了迫害和恐懼，但它不是社會和諧的公式。」

除了自由主義的理解外，專權政治也講寬容，但以另類模式出現。第一，透過寬容加強寬容者所建構的論述，並藉寬容將反對者進一步邊緣化。例如，當寬容者以高姿態強調要對異見者寬容時，他的行動也同時不斷強化異見者的錯誤，因為只有錯誤者才需要被寬容。結果是，被寬容者進一步被標籤。

第二，寬容是以寬容者的視野為主，而非考慮被寬容者是否有足夠條件去表達他們對事物與生活的想像，並與人交流的機會。例如，異見者只可以在限定範圍內發言，否則，他就被剝奪其發言權。

第三，寬容是一種不徹底反省社會建構，而只處理表面形式的行為。例如，我們滿足於異見者被容許參與寬容者的生活形態，但沒有批判為何寬容者的生活形態是我們追求的目標。寬容可以是一種「正常化」。

若寬容不是漠不關心，也絕不是一種操縱式寬容，那麼，寬容如何不落入相對主義，而又可以成為積極的公民德性？這是我們社會需要嚴肅看待。

誰比誰更維護家庭

甚麼是維護家庭？有組織認為，維護家庭就是維護一男一女的婚姻制度。但維護一男一女的婚姻制度與維護家庭是兩回事，因為維護家庭是一種關係，而不只是一種制度。相反，當下將家庭問題化約為一男一女婚姻制度的做法，可能破壞了家庭。我情願支持者直接地說「維護一男一女婚姻制度」，但不要將這維護等同家庭。

一位同性戀者跟我分享：「令我最傷心的事，就是我傷害了我的父母。我們一家都是基督徒。他們很愛我，我也很愛他們，但我的同性戀傾向使他們不斷怪責自己。同性戀是罪嗎？」

她流淚地說：「我向他們隱瞞我現在的生活，但我知道他們是知道的。」

從個人層面，你可以選擇不跟同性戀者交朋友，但這邏輯不一定適用在家庭關係上，因為家庭對人的接納太重要了。一位同性戀者說：「總有一天我要讓爸爸、媽媽能夠接受我，了解我。也許到了那一天，我才能夠真正接受我自己，不再迷惑。」另一位說：「多年後的一個晚上，我在同志這件事情上與妹妹起了口角，我跟她說媽媽是支持我的。妹妹回說：『你知不知道媽媽在晚上為你偷偷流了多少眼淚？』我呆呆地楞在那兒說不出話來。」一位母親說：「假若我的學生是同志，我真的可以全然地真心接受；然而，自己的兒子是同志，我還是很難過。但若不接受自己的孩子，他又怎麼辦？」

若同性戀兒子已跟另一位同性朋友住在一起時，作為父母當如何看待他們？維護家庭者會向這家庭說甚麼話？是否說他們的兒子破壞家庭，還是說這話本身就是對這家庭的破壞？這些有同性戀孩子的家庭，要求那些為維護家庭而大聲疾呼的人需要重新思考：甚麼是維護家庭？不要讓政治正確使你們不敢面對這些家庭，不敢向他們提供協助，不敢維護這家庭免陷於矛盾。當政府宣傳片說：「我們始終都是一家人」，維護家庭者是否也會鼓勵這些有同性戀孩子的家庭說同樣的話嗎？政府宣傳片又說：「贏了場交，輸了個家」，維護家庭者是否也有這態度？

一男一女的婚姻制度不是這篇文章要討論的事。文章要討論，就是當下各式各樣的家庭處境。他們的處境界定維護家庭的內容，而不是那些搔不著癢處的一男一女婚姻制度的意識。

唯獨聖經

若聖經對某些倫理課題（例如同性戀）有很清楚說明的話，聖經學者就可以為我們解困惑。事實上，願意為這些爭論提供分析的聖經學者不多，反而一些非聖經學者卻紛紛出來為聖經說話。當然，這些非聖經學者的牧者對聖經的認識，並不必然比聖經學者遜色，但為何聖經學者較少出來講解？不出來講解的原因有很多（個人和社群），也不易推敲，但我認為有兩個可能性不可不提。

第一，聖經學者不回應，可能因為他們不想自己對某些倫理課題的看法被利用，成為一種政治工具。尤其當有些教會看某些倫理課題如此嚴重，甚至將某些立場等同信仰核心時（例如同性戀），聖經學者的態度就會被捲入教會政治。他們知道教會會傾向無限地放大他們的觀點（如合用的話），但他們卻可能認為某些倫理課題並非如有些教會所說這麼重要。再者，信仰的正統性也不在於對某些倫理課題的立場。當然，也有聖經學者樂意捲入，振振有詞說出他的看法，但這類人仍是少數。

第二，聖經學者不回應，可能因為他們認識聖經對某些倫理課題並沒有一致的看法。此外，他們亦留意聖經時代與當下時代有很大距離，而這距離並不容易克服。事實上，要克服這距離已超出聖經學者的專業。他們對文本的理解可以提出合理的理據，但不一定代表他們對當下的應用也可以提出合理的理據。例如，他們運用甚麼原則來處理聖經與倫理的關係？目的原則、類比原則、反抗文化原則，或道德——神學判斷原則？沒有一個詮釋原則是絕對的，但不同詮釋原則卻帶來不一樣的應用。我相信一個負責任的聖經學者對此特別小心，不輕易以絕對態度發言。

為何聖經學者不走出來向教會說明聖經的限制和他們的限制？說回來，他們有這自由嗎？坦白說，當某些教會以絕對態度判準（加上政治力量），不認同者就被視為異類時，聖經學者的學術自由就岌岌可危。因此，我們多聽見認同某些教會立場的聖經學者（包括牧者）搶著發言，但可惜的是，他們多缺乏對話和自我反省的胸襟。他們維護自己教會的立場多於忠於聖經，倚靠教會的權威多於聖經權威。當改教運動高舉「唯獨聖經」時，我擔心他們卻走回反「唯獨聖經」路線去，但卻振振有詞說：「我們要聽聖經的話。」

運用聖經並不如想像中那麼直接。沒有謙虛，甚至自以為擁有對聖經最正確的解釋權時，這是對信仰的扭曲。

耶穌，你是誰？

接近二十年前，當《基督的最後誘惑》一戲上映時，那時的教會強烈反對，並遊行抗議，甚至有播放這齣電影戲院的座位也遭破壞。二十年後，教會對電影的態度有明顯的改變。例如，「包場」成為某機構的市場策略，並得到很多教會附和支持。若說，前者的表現是野蠻的話，後者的反應也不算得文明。若前者分不清宗教象徵與人性的關係，後者則對福音一詞不求理解，只滿足於「講耶穌」層面，不追求對人性更深的探討。

說回來，我們當如何來看類似《基督的最後誘惑》的電影？

用伊斯蘭教的準則來說，《基督的最後誘惑》和《萬世巨星》等等肯定是褻瀆，不但因為耶穌的神性不見了，更因為耶穌被描繪為一位失去自信和方向的彌賽亞。更甚者，他們分別將傳統對耶穌與猶大的角色反過來，也將耶穌與馬利亞的關係作出無根據的推論。對於那些所謂忠於聖經的信徒來說，這些質疑和想像是不可接受和褻瀆。相對於這兩齣電影，《受難曲》對耶穌的描繪已很接近基督宗教的理解，但忠於聖經的信徒仍對《受難曲》大肆批評，因為其中有些片段，聖經並沒有記載，例如在苦路上耶穌被Veronica 用布抹面。或許，類似《耶穌傳》和 *The Gospel According to St Matthew* 等電影會被他們歡迎，但弔詭的是，大眾卻沒有留意它們。這是否因大眾「耳朵發癢，不聽真道」嗎？

或許，我們對這些扭曲耶穌的電影毋須採取負面態度。第一，這些電影向教會發出一些重要的提問，而教會需要認真回應。例如，《萬世巨星》向教會提問：「耶穌，你為何犧牲？」「耶穌，你是否真的如他們所說是神的兒子？」我們不需看這些提問為挑剔，反而可以視這是尋道者的追求。只批評別人不忠於聖經和蔑視耶穌的做法，並沒有好好抓緊與世界對話的機會。這是我們的失敗。

第二，耶穌的神人二性為人類對生命的沉思提供一個很重要的象徵。然而，對基督徒來說，耶穌的神人二性關乎教義多於關乎生命。所以，當提到基督的神人二性時，我們只會重覆《迦克頓信經》（*Chalcedon Creed*）中的「不相混亂，不相交換，不能分開，不能離散」，但對這二性的關係卻沒有進一步思考。《基督的最後誘惑》就嘗試對神人二性進行想像，並探討神人二性的相遇與對抗。縱使它的理解與基督教理解不盡相同，但這是對人生探討的開始。

我們需要擺脫一種以敵我思維對待文化的態度，反而要將與己不同的對耶穌的論述，看成是我們與世界溝通的開始。

面對批評

被批評和被罵的感覺絕不好受。若批評得對和罵得好，難受還要受；但若不合理的話，難受就轉為忿怒，甚至對罵。第一種情況，我曾被別人狠狠批評自己的文章。有些人很客氣地批評，但有些人卻不留情面。當然，批評者不是要針對我，只是很坦白指出我的不足。面對那些不留情面的批評很難受，但接受和不狡辯是我需要長期學習的功課。

第二種情況，我被批評，不是因為我觀點出錯，而是因為批評者的立場跟我不一樣。對於這種批評，我會有不舒服，但不強烈，因為我假設沒有人完全掌握真理。我固然沒有，批評者也沒有。然而，當批評者只看見自己代表真理時（例如，他的聖經解釋是最正確），討論空間就變得不可能。所謂討論只不過是個人再次申述他的立場，而不存在任何自我反省。遇到這樣的情況，我試圖據理力爭，但經驗所得，這種討論是浪費時間。

第三種情況，我經歷一種從針對我的觀點到針對我個人（包括信仰）的批評。奇怪的是，這些人常常說，對事不對人，但表現出來，卻是對人又對事。他們的批評可能很仔細，逐字跟你辯論。他們看見樹木，卻不看見樹林。面對這樣的批評，我可以做的不多，因為他們總要在雞蛋裡挑骨頭。所以，不回應比回應好，不一定因為我不屑與他們辯論，更因為真理不一定會愈辯愈明，反而會愈描愈黑。

第四種情況，就是那些充滿情緒化的批評，沒有實質的內容。這種情緒化批評最容易激起情緒戰爭，因為情緒化的批評往往都是主觀，甚至誣告。情緒從不會解決紛爭，只會令問題惡化。例如，一位朋友給我這樣的電郵：「我對你近日在《明報》的文章很失望，你不但傷害了學生，也沒有堅持真理。若你仍相信上主，我們總要受祂判斷。」究竟他批評我沒有支持還是支持《中大學生報》？我傷害學生甚麼？我沒有堅持甚麼真理？更重要，這批評竟提升至宗教層面。面對這樣的批評，我也禁不住自己的怒氣，因為這種批評只是一種情緒發泄，沒有內容。

第五種情況，批評者知道他如何的努力也改變不了我，我也知道我如何的努力也改變不了他。所以，彼此就某話題的對話不多，因為大家心知肚明。為了仍保留彼此的友誼，輕輕的擦過總比事事對抗好。這是君子之交還是小人（虛偽者）之道？

說回來，我又如何批評別人呢？當反對情緒化批評，我是否有時比他們更情緒化？當批評別人野蠻，我是否有時比他們更野蠻？我需要更多的謙讓，但謙讓不是排除激辯，沒有自己的堅持。

含混世界

生活世界就是一個含混的世界。公義不一定可以彰顯，反而強權可以逍遙。努力不一定有合理回報，反而沒有命享。「命裡有時終需有，命裡無時莫強求」成為很多人面對含混世界的認命態度。然而，認命並沒有解開我們心中對含混世界的不服氣，因為它只將不公義和無奈合理化。

若生活世界的含混是不可消除，而我們又不可逃避的話，我們當如何自處？

我們需要對生活世界開放。可惜的是，我們對絕對卻有一份嚮往。一方面，絕對給人的感覺是安全的，因為它不會受新環境和新經驗影響；另一方面，絕對被描述為對上主的信心，因為信心是不會改變，而作出任何改變是沒有信心的表現。我對於持這種絕對態度的人生有很大的保留，不但因為他不明白生活世界的含混，更因為他以為自己超脱塵俗，看萬事萬物比眾人更清楚，忘記我們在等候得贖的日子。例如，三十年前的佈道會不會以棟篤笑娛樂形式出現、不會稱耶穌為穌哥、不會收入場費；將昔日絕對化就沒有今日不同形式的佈道。開放不是沒有立場，而是不將因天時訂立的立場看為永恆；開放不是甚麼都可以，而是容許生活世界向我們說話。

我們需要勇氣去生活。在含混世界裡，勇氣就代表有犯錯和有失敗的可能。因此，勇氣不只關乎去，更關乎承認錯誤。沒有承認錯誤的勇氣不是勇氣，只是一種自以為義。今日，我們正缺乏這種勇氣。我們或許有勇氣去犯錯，但也要有勇氣去認錯。例如，有傳道人知道自己不適合做傳道人，但仍勉強堅持。為何一位老師發現自己不適合當教師可以轉工，而傳道人可以有免疫力？錯誤也可以在婚姻關係裡發生。為何婚姻可以有免疫力，不會有錯，不可以認錯？我們需要勇氣去面對生活的艱難和抉擇，但更需要有勇氣去承認錯誤，不繼續在虛假中生活。

含混世界使我們學習交託。含混説明我們不一定知道甚麼是好是壞。例如，我們知道殺人是錯，但是否等於一切的墮胎就是壞事？又我們知道貪心是錯，但如何分配公積金的投資組合？高風險是否一定壞，低風險是否一定對？交託就是承認生活世界的含混，但相信上帝掌權。相信上帝掌權不必然可以減低風險，也不必然沒有錯誤。反而因交託，我們可以看當下的失敗不必然是最後的失敗，當下的成功不必然是最後的成功。

祈克果曾有這樣的禱告：「主啊，我要作決定了，但不知道哪決定是最好。但我將這事交託在你手中，因為我相信縱使我的決定是錯，但你會將它扭直。」

末日

在一次聚會，一位姊妹情詞迫切公開地分享：「主再來的日子很近，因為啟示錄第十三章所講的『受了印記才可以作買賣』一事已發生了。不但bar code（條碼）的流行是一個例子，更有報道指出有政府已計劃將晶片殖入人體內……面對末日，我們基督徒要回復初期教會生活，凡物公用。所以，現在的小組生活是很重要，準備我們面對末日……」她分享完後，會眾拍手表示欣賞和認同。

對於這姊妹的分享，我很擔憂。第一，縱使她所說的是真實，但我對她的結論很不舒服。面對可能的迫害，基督徒豈不應該要站出來，與不公義對抗嗎？為何她建議基督徒要關起門，珍惜小組生活？我明白在極端壓迫下，教會可能連說話的能力也沒有，但這不等於一開始，教會就要滿足於彼此支持。這不只是投降，更是對受欺壓者不負責任。

第二，若按她所說，bar code等等的出現已等於敵基督開始建立其勢力時，我很想知道她是否不申請智能身分證。我也想知道她是否選擇到雜貨店購物而不到超市。我更想知道她是否不乘坐飛機。當她沒有作出生活調節去抗衡敵基督的勢力時，她豈不是支持敵基督的勢力？除非她只是用bar code等等事件營造恐慌意識，否則，我就很難明白為何她的言行可以不一致。

第三，她的分享反映一種宇宙陰謀論。意即，魔鬼利用當下種種的發展來建立它的勢力。世界的事物沒有中性，只有在上帝那邊或在魔鬼那邊。但我的問題是：為何bar code等等是在魔鬼那邊？為何科技不可以在上帝那邊？又當事物往往都存在一種可轉變性時，在魔鬼那邊的就可轉化為在上帝那邊，反之亦然。沒有這思維，我們就很容易認為自己是上主的代言人。

第四，說到底，啟示錄應該怎樣被解讀？我很擔憂，因為啟示錄已成為一本任人亂解的書。只要找到相似的事，就解作預言應驗。若上主要我們明白他的心意，為何上主要我們不斷推敲他的意思？況且，這推敲從來就不準確。再者，若預言的成立在於要表達上主掌管歷史的話，我們又如何回答人自由的角色？難道人只有被安排的身分？

說回來，這姊妹的分享只是複述一份雜誌的看法。所以，以上的批評是針對一種流行於基督教的末日觀。年少時，我曾迷上對預言的解釋，但現在卻一點興趣都沒有，因為耶穌說：「若有人對你們說：『基督在這裡』，或說：『基督在那裡』，你們不要信！」（太廿四23）

講真話的自由

神學上，言論自由的基礎在於上主的道（the word of God和the Word of God）。上主的道自由地進入歷史，向人說話。但上主自由的道卻產生社會不安，因為上主自由的道之核心不僅是自由，更關乎講真話，將人的虛偽揭出來。這是希伯來聖經先知傳統的特色，也是耶穌的一生。

講真話指言論不受制於外在的威脅與內在的無知，反而從恐懼與無知裡釋放。講真話者可以自由地抒發一己之見，而不需擔心各式各樣的秋後算賬。然而，講真話者不在於他所說的一定是對；否則，他就可以以此來否定別人講話的機會。講真話者也不在於他擁有比別人更多的真理；否則，他就可以自以為是，失去反省能力。

原來，講真話基本上是一個良知的課題。第一，講真話者是一個誠實者。他按他所見、所聽和所思考的，講出來，而不捏造和失實。第二，講真話者是一個對話者。他沒有看自己限制為絕對，反而以謙卑和理性的心去探求，減少偏見與誤會。第三，講真話者是一個不參與講謊言的人。若謊言之可以成立在於講與聆聽，那麼，當聆聽者不聆聽，講謊言者就不可能繼續說謊下去了。第四，講真話者是一個被公義燒著的人，以致他不能不說，甚至因而失去自由和生命。講真話不是為了忠於一個真實的我，更為了一個客觀的公義。

説回來，良知使人有勇氣講真話。

民主社會不保證人會講真話，因為講真話可以被經濟力量吸納。為了某種生存，我們見證不同的人不講真話。回顧回歸這十年，我們社會共同揑造事實，以民眾力量剝奪了很多人的居港權；我們社會共同參與講謊言，漠視公共屋宇居民利益，以民眾力量支持領匯上市；為了銷路，有雜誌不理會它對當事人的傷害，以行使言論自由為名，刊登從偷窺而來的照片。這是我們經驗到的第一種虛偽掩蓋真話的言論自由。

第二個經驗，就是政治權力的干預。二〇〇七年教育學院的風波與七年前香港大學鍾庭耀事件有相似之事。還好，有人願意挺身而出，與政治權力對抗。然而，因怕「預鑊」、怕前途受阻和怕被排斥，很多人和機構都自我審查或避重就輕。自我審查的可怕，不是因為當事人或機構被鎗指著，而是因為自我審查已成為當事人或機構的生活生態。這是政治權力的成功，也是講真話的失敗。

作為宣講上主的道之教會如何回應以上的觀察？教會講的話是真話，還是隔靴搔癢的話？

放下偏見與傲慢

絕大部分基督教機構（以下簡稱機構）都依賴信徒奉獻，很少可以自負盈虧。此外，大部分機構都沒有很好的經濟狀況，每年的結餘是赤字多於盈餘。因此，呼籲教會和信徒奉獻成為機構每一個月都要有的行動。有些機構很懂得籌款，但有些機構的成績卻差強人意。籌款的成績反映了機構的網絡是否足夠。奇怪的是，很少機構以籌款的成績與其事工的價值拉上正比關係，因為機構的出現往往以異象宣稱。有哪間機構願意公開承認它所堅持的異象是錯誤呢？所以，機構總以對上主的信心來回應赤字，並以赤字來加強他們的異象。

例如，很多神學院皆面對嚴峻的財政情況。奇怪的，他們只懂向上主祈求和向教會和信徒呼籲，但沒有考慮香港是否需要他們這間神學院，或神學院是否需要考慮事工合作（例如：圖書館）來減少開支。若機構只看見自己的異象，只保存自己的山頭，赤字只會是機構的特色，因為機構將會愈來愈多。遺憾的是，機構卻以赤字自豪，視此為信心的考驗。

從市場經濟角度來看，機構的增加不是一件壞事。例如，沒有機構可以獨霸市場，小有小做，大有大做。神學院如是，書室如是。又例如，機構的誕生反映信徒的自發性和參與性。這是百花齊放。雖是如此，但我卻有兩個問題。

第一，市場應該存在淘汰，但現時很多負債纍纍的機構不但無意結束，甚至以剋扣員工工資過活，但這被説成為對上主的信心。

第二，機構的存在是為上主國，但很多時，他們自己變成上主國，以致他們看自己結束等同上主國的落空。當然，我對人的罪性有認識，以致我不相信一間神學院、一份報章和一個基督教墳場就是最美好。不但因為這會造成壟斷，更因為壟斷是一切腐敗的開始。但機構不能因此就可以只管自己的生存，而漠視它與整體機構和上主國的關係。沒有人可説某機構不需要存在，但籌款成績卻有一定參考價值。

話説回來，有些機構面對嚴重財赤，但其事工是不可取替的。排除管理因素外，沒有他們，教會和社會就失去對上主國更全面的認識。例如，醫院的院牧事工是教會不容忽視。縱使年年財赤，它不應放棄。若它真的結束，這是教會的失敗，因為教會只看見自己的異象，沒有任何合作的胸懷。又例如，香港基督徒學會是教會不容放棄的戰線，因為它已成為民間很重要的教會見證。若它真的結束，教會不要沾沾自喜（因為香港基督徒學會對同性戀議題持不同態度），因為它的社會見證是教會欠社會的債。上主國要求我們放下自己的偏見與傲慢，有智慧地堅持與放棄。

基督教招牌

社會並不歡迎教會參與社會。一方面，當教會就著民主和政治等課題表達意見時，教會就被教外人批評為宗教干預政治、煽動教友。另一方面，當教會就著道德議題表達意見時，教會也被教外人批評為道德佬和將自己宗教的價值加在社會上。至於教內人彼此批評更不在話下。

從此看來，教會不可能不被外間批評和責罵。雖是如此，教會仍可置諸度外：

第一，教會滿足在自己的範圍內活動（查實，這是社會界定的範圍），講別人聽不明白的屬靈言語和辦別人不想去的佈道大會等等。試看看社會很少批評佛教和道教等團體，反而多批評天主教會和基督教會。這不一定說明我們社會對本土宗教有認同感，而是對公私很分明（公共領域和私人領域）。

第二，政府需要支持他們的宗教。所以，當宗教依著社會的期望而行，教會與社會就相安無事。例如，在一個民主社會，政府不會高度支持某一宗教，但宗教可扮演公民宗教（civil religion）的形式，被政府利用，成為政府的支持者。又當上一世紀六、七十年代，教育是社會一個問題時，宗教辦學就被欣賞，但時代一變，今日宗教辦學就被視為宗教的霸道。因此，當政府提出學校校董會獨立註冊一事時，不跟隨這樣做的學校就被指為反民主。

教會要爭取教外人的支持從來就不是一件容易的事，因為社會並不是我們想像中的講理和中立，它所講的理是它自己的理。近年來流行於教會的公共神學，就是一種嘗試以公共言語來參與社會。成績如何？坦白說，我認為它對教內影響大於對教外影響，但弔詭的是，它的目的是教外。問題的出現可能不是是否使用公共言語，而是社會對教會作為參與者（agent）早已存在偏見。這是為何在基督教裡，我們常討論應否打著基督教的名義參與社會。

坦白說，不以基督教名義參與社會不一定容易令人受落，因為當這組織的參與者和董事會都是基督徒時，以甚麼名字參與並沒有太大分別。當然，這案例並不適用於在其他國家參與社會服務的教會團體。因此，從我個人觀點來看，我傾向說出自己的宗教背景，因為這組織是以教會的關注參與社會，並以基督教信仰作為這組織的運作基礎。再者，若社會已看宗教是一個問題時，教會應公開表明宗教不是一個問題。

然而，所謂公開表明不只是一個名字，更是它的開放和包容程度。例如，教外人士是否可以一起參與，它是否也參與教外組織的活動。若這方面做得不好的話，甚麼公共神學只是另一種教內言語。

圍牆

當以為柏林圍牆倒下（一九八九年）代表人與人的分隔狀態消除時，我卻發現在北愛爾蘭貝爾法斯特（Belfast）還存在六堵圍牆，將天主教徒區與基督教徒區分隔起來。或許，柏林圍牆倒下只象徵打破了因資本主義和社會主義帶來的隔離，但並沒有打破那因文化、種族和宗教等等產生的隔離。

以往，我曾聽説過愛爾蘭共和軍（IRA），也知道有關它與英國政府的衝突。當昔日有人以北愛爾蘭天主教徒與北愛爾蘭基督教徒的衝突與仇怨來批評基督教信仰的可信性時，我會以他們為偽裝信徒為由來維護基督教信仰的可信性。然而，當今日有機會踏足貝爾法斯特、親眼目睹一堵二十多呎高的圍牆，並看見一幅又一幅充滿暴力挑釁的牆畫時，我不再看他們為偽裝的信徒，因為只有當我看自己與他們一起時，我才可以代表一方向另一方説對不起。只有不將自己抽離，我才可以體會他們的掙扎，從而帶出基督福音。當中，我開始慢慢明白耶穌基督道成肉身的意思。祂沒有與罪人劃清界線，反而與罪人一起，成為罪人群體之一員。然而，教會卻怕被連累，以致很快與那些社會認為奇怪（或違法）的教會和信徒劃清界線。或許，教會的污濁並不來自它變得世俗化，反而來自它過分「分別為聖」。

一堵二十多呎高的圍牆是否可倒下來？或許，更基本問題是，住在圍牆兩邊的人是否願意圍牆倒下？事實向我們說明，他們並不願意；否則，他們就會像德國人主動地拆掉柏林圍牆。他們不願意，因為圍牆扮演一幅保護屏，免受對方騷擾和襲擊，但與此同時，這堵所謂保護屏卻加深彼此對對方的恐懼。令人可惜的，莫過於他們已不習慣在沒有圍牆下生活了。事實上，當下的教會與社會的關係何嘗不是有一堵牆嗎？有教內人和教外人很歡迎這堵牆，因為它代表政教分離，互不影響。結果是，宗教失去其公眾角色，而社會沒有上主的道。

話得說回來，拆掉這堵牆是否等於政教合一，教會自由化？不必然是，而是他們以互動形態生活，彼此有對話，也有對抗。只有如此，彼此才會成長，住在其中的人才會放下偏見。

多元社會的挑戰

多元社會不只是一個描述性語言，更有規範之意。意即，多元是一件好事，不但因為不同的人可以有他們生活的方式，更因為創意和新的想像往往在多元社會得到更大的發展空間。更重要是，多元是對各種霸權的制衡。然而，多元不是不同，因為多元主義關心不同價值如何在同一個社會裡相處，並促成更大的善。

多元主義與相對主義沒有必然關係。只要當一個人相信多元有助建立社會美善，並委身於此，他可以是相對主義的多元主義者或一元主義的多元主義者。多元主義所關心，就是生活世界不可以由一個超級價值預先決定，反而需要就不同處境考慮不同價值的優次。事實上，在倫理判斷一事上，不同倫理理論（義務論、目的論和德性論）已指出不同價值彼此競爭的事實。例如，近日社會就安樂死的討論已反映出來。我們絕不能説，支持安樂死就是相對主義。若是，同樣的邏輯也可應用在反對安樂死的人身上。將不同意見打成為相對主義是一種一元主義帝國式的做法，因為在一元主義下，多元主義只可能是相對主義。

説回來，若多元主義對生活世界不存在先決價值判斷的話，它會否最終會接受不公義的價值為社會價值之一？例如，不道德的同性婚姻是否會被視為合法婚姻？當然，問題是，

「為何異性婚姻比同性婚姻更道德？」雖然以上的提問存在的假設性仍值得商榷，但這提問題卻帶出數個值得留意的課題。

多元主義並非只講多元，而是這多元如何可以促進人類生活的美善。因此，多元主義不等於甚麼都可以。換句話說，多元主義不會贊同種族清洗，不但因為這不是多元，更因為這是一種殘暴。原來，多元主義已假設某些基本人類共同價值，並認為多元可以促進人類對共同價值的追求，因為沒有一個人可以完全擁有對美善的認識。所以，不同時代的人對基本人類價值有不同理解是正常的。第二，縱使人類有某些共同價值，但人類亦存在很大的不同，以致多元才會出現。因此，在不違反基本人類共同價值下，每一個人應被容許有他的選擇。尊重自由和寬容是多元社會的德性。例如，有某些社會可能認為同性婚姻破壞社會秩序，但它會選擇以寬容的態度對待同性戀者。當然，同性戀群體會認為他們不需要被寬容，因為他們沒有錯誤，而只是不是主流。就此，這帶出多元社會第三個特性。多元社會需要一個有效的制度，讓不同意見者可以有公開、平等和理性的對話。這與民主制度和哈伯馬斯（Jürgen Habermas）所講的公共領域有關。公共領域不只是一個協商的空間，更是一個追求更美善的空間。雖然溝通是重要的，但沒有因此，不同就會解決。因此，在民主社會下，我們要學習接受投票的原則。當然，投票的原則不只是少數服從多數，更是少數的權益不應因此被多數否定。所以，維護少數權益是多元社會很基本的德性。這解答了為何一個不贊同同性婚姻的社會會容許同性戀。當然，不同社會對此會有不同程度的理解。

極端二元論

約二十多年前，我的教會因已購置新堂址，極需要現金週轉，但奈何舊堂址還未成功出售。那時，我們眾人正為出售舊堂址一事深切禱告。期間，有一位買家對我們的舊堂址甚感興趣，而他願意付出的金額與我們所要求的相差不遠。當與這買家傾談這單位的未來用途時，他說：「我計劃將這單位改為佛場。」當眾執事聽見後，面色大變。最後，他們決定不將舊堂址賣給這位買家，因為他們不願意看見昔日崇拜上主的地方變為拜假神的地方。

查實，類似以上的情況在歐洲很普遍。昔日的教堂出售成為的士高，也有教堂出售成為其他宗教的場所。我們如何看待這些事？近日，台灣教會亦面對類似的事。事緣，一間由基督徒開辦的盲人院，因財政緊拙及人手嚴重不足，面臨關閉，但有佛教團體有意接管。然而，該院的基督徒董事反對。他們最希望有教會機構願意接管，或由政府繼續營運，而非由其他宗教接管。

教堂不應該賣給其他宗教，及教會社會服務不應該由其他宗教接管，因為這代表基督教信仰向其他宗教投降了。因此，縱使虧本，甚至服務質素下降，教會也不可輸掉這場仗。這種看法反映數個我們值得留意的地方。

第一，為何將物業賣給其他宗教就等同向撒但投降？為何將物業賣給一間剝削長者的老人院不是向撒但投降？為何將物業以所謂的市價（高地價政策帶來的結果）出售不是向撒但投降？是否我們只看見樹木，卻不見樹林？

第二，合作者的信仰是否一個很主要的考慮？甚麼叫宗教歧視？我們是否也接受別人以宗教為由來歧視我們？宗教彼此間並不相同，但是否沒有重疊之處？宗教彼此間的相處是否必須要從教義開始？

第三，是否相信自己的信仰為真信仰就需要以否定的態度對待其他宗教？其他非基督宗教是否等於虛假宗教？宗教製造偏見還是培養尊重？

第四，戰爭是基督徒習慣的詞彙，例如屬靈戰爭。然而，當戰爭這詞彙漸漸成為宗教論述之一時，戰爭的意識就成為基督徒對非基督徒世界的認知和態度。結果，基督徒只懂以對抗形態與其他宗教信徒相處。

第五，上主是否住在人手所建的殿？若不是的話，為何我們將曾是教堂的物業變得神聖化？

二元論的思想不容易擺脫，但極端的二元論就是野蠻的開始。

可以閉口一刻嗎？

宣傳是現代社會必須的活動，不但因為現代人對資訊有更多要求，更因為競爭劇烈，要生存就要有好的宣傳。我不反對宣傳，也不反對基督教機構宣傳，但有一種最沒有基督徒品格的宣傳手法，就是踩低同業，高舉自己。沒有品格，因為這做法傷害基督合一的身體；沒有品格，因為這做法是一種狂妄自大。

就以神學教育為例，作為神學教育工作者的我理應認識不同院校的特色（包括優與劣），但我絕不會以踩低其他學院的做法，來宣傳我所認同的學院之地位。因為第一，我相信各有長短；第二，我相信不同的信徒適合不同的教育；第三，我相信水平參照；第四，踩低對方的做法只會進一步製造偏見。有多少人會認同我的看法呢？還好，不同院校仍可以進行良性競爭，沒有以踩低對方的做法做宣傳，搶學生。相反，那些對神學教育不認識或自以為很有認識的人，卻往往以踩低對方的方法，來宣傳他支持的學院或其教會內的神學訓練中心。若他只是信徒，我會接受他的無知；但若是牧師，我就為他難過，因為他將無知極化。不幸的是，我近日卻遇上這樣的牧師。

耶穌那句話「是就說是，不是就說不是」很容易成為牧者和信徒最大的偏見。第一個偏見，它使人陷入一種簡易二元世界，但現實從不是這樣。按林前十三12，我們當下仍是模糊不清。奇怪的是，二元世界論者卻沒有任何模糊意識，反看自己比眾人更清醒，並視那些承認模糊不清者為相對主義者，真理妥協者。二元世界論者最大的醜陋是他們將別人打成魔鬼，這正是最沒有品的做法。

與第一點相關，就是二元世界論者總認為自己是在真理那一邊，而沒有懷疑自己可能站在真理的對立面。或許，這是自信的表現，但也可能是自我欺騙。自我反省不僅是檢視自己的信仰情況，更是一份開放心靈，讓聖靈帶領我。我沒有靈恩派的經歷，但我欣賞他們的開放性。只有如此，我們所講的是才不是一套沒有生命的是。

二元世界論者認為「是」就要快快説出來，「不是」也是如此。不幸地，他們的熱心往往缺乏仔細的考究。他們所掌握的資料不盡真實，所説的是多是虛構捏造，但卻很自信地説出來。數年前，一位耶穌會神父向我説：「在基督教裡面，有一位牧者很積極批評天主教。可惜的是，他對天主教的認識是他建立的天主教，而不是當下的天主教。」「是就説是」不但要求我們仔細考究，更要懂得閉口。

信心的祈禱

有一位朋友患上癌症，但拒絕接受手術，因為她相信上主會使她痊癒。她選擇祈禱和接受另類治療。她拒絕接受手術是可理解的，因為這次是上一次手術後的癌症復發。雖然我沒有接受手術的經歷，但我對手術也有抗拒。因此，我會尊重和體諒一個人死也不接受手術的決定，但這與對上主的信心沒有關係，只是個人選擇而已。有勇氣接受手術者不等於他對上主有信心，反之亦然。當然，在現代化社會裡，應接受手術而選擇不接受手術是不可思議的。這是不理性的行為。所以，選擇不接受手術者所面對的壓力是很大。對上主的信心和上主的旨意就成為他們的下台階。若這是一個可能解釋的話，我不會選擇説服她，反而為她祈禱，求上主使用另類治療。

除了以上的可能外，我還想到另一個解釋，就是人選擇不接受手術，因為她受了某種信仰詮釋的影響。這可以從馬克斯對意識形態的批判得到證明。當年輕時，我的教會導師有如此的教導：「甚麼是信心？當你申請工作時，只寄一封求職信就是對上主的信心。」隨後，他就説了一大堆見證證明他所説的是對。我問：「為何上主只會給我一個選擇，而不是五個選擇，讓我自己去決定我最喜歡的。」面對我的提問，導師就拿出聖經仔細指出上主的吩咐是直接的，沒有給人眾多選擇。

當時年輕的我沒有能力回應，就只有接受他的看法。同樣的邏輯落在一個病患者身上又如何呢？坦白說，病患者往往是最脆弱的人，很容易受人影響。正因如此，我會很小心向病患者傳福音，甚至會選擇閉口。但人的熱心使他沒有留意他的誠意可以成為對脆弱者的控制。所以，要批判的不是那不接受手術的人，而是影響她的意識形態。然而，當患病者已病入膏肓時，我們又何忍去批判？心痛就在於此。

說回來，上主會否行神蹟奇事？我相信沒有基督徒會否定，因為我們心底裡也渴望上主在我們的生命上也行神蹟奇事。然而，我對於神蹟奇事抱著開放的態度，以致我不會認為可解釋的事就不是神蹟奇事。甚至在沒有信心的人身上，上主的神蹟奇事也可以在他身上發生。因此，我可以安心地按我的性情生活和祈禱，而不需抄襲別人的模式。

教會紀律

一般來説，牧者很擔心教會的秩序。沒有秩序，就沒有紀律；沒有紀律，教會生活就難以維持。不論為了教會的發展還是個人的成長，秩序是必須的。我個人並不反對秩序，因為沒有人際關係可以不牽涉秩序。問題是，如何平衡秩序與自由？秩序使自由增加還是只鞏固中央的權力？

現代社會對宗教的「YES」和「NO」並不滿意，不是因為宗教不可信，而是因為很多這些「YES」和「NO」只滿足宗教制度上的要求，與信仰沒有必然關係。例如，基督徒不准抽煙、買六合彩、飲酒等等，是制度上的要求還是信仰的核心？準時出席主日崇拜、十一奉獻和讀經祈禱等等是制度上的要求還是信仰的核心？甚至某種婚姻的模式是制度上的要求還是信仰的核心？生活世界沒有可能不牽涉「YES」和「NO」，但它對人性的壓抑與破壞不能低估。這也是我為何傾向負面自由（negative liberty）多於正面自由（positive liberty）。至於正面自由，我認為這適合透過教育去培育多於以制度去規管。好的秩序是使自由增加，但不是以制度作為對自由理解的標準，而是以可討論的自由作為基礎。説回來，教會是否可以成為一個培育自由的群體？這在於我們如何理解教會。

教會是基督的身體，但也是一個自願組織。前者認為加入教會是上主的恩典，而非純粹人的決定。後者則認為這是可自由進出的組織。不論教會訂下甚麼規則，會友並不著緊。不但因為他可以隨時參加其他教會，更因為他不覺得成為會友後有甚麼不同。近年來膜拜團體的興起使教會更傾向自願組織的一面，因為愈多要求的宗教就愈容易被視為「邪教」之一。例如，教會有十一奉獻的教導，但甚少落實執行。相反，當某膜拜團體強烈執行十一奉獻就被傳媒描繪為歛財。

教會是一個制度，但也是一個靈性群體。所謂制度，就是以CEO的思維和行政手法來領導教會。制度性的教會很有組織性，事事要按本子辦事。不但如此，它看會友為職員，以致傾向以很紀律的方式對待其會員。相反，當教會是一個靈性群體時，會友就期望教會不是一個只講行政、不講恩典的世俗組織。事實上，一個靈性群體甚少落實紀律手冊的內容，反而很彈性地回應會友的情況。

從此看來，教會比較適合培育，並以規則協助信徒對自由的理解和行使。

為何上教會？

問：「為何上教會？」

答：「不是為了與友好相聚，而是為了敬拜上帝。」

這一問一答是我自少從教會領受的教導。說回來，教會是否可以沒有聯誼？聯誼是否對立於敬拜上帝？或許，有人補充地說：「敬拜上帝先於聯誼。」然而，我對於這補充並不滿意，因為敬拜上帝與聯誼並不需要有先後，而是相輔相成。沒有聯誼，教會不可能成立；沒有敬拜上帝，這不是教會。用先後來看教會的敬拜上帝與聯誼，可能是為了滿足我們對信仰的情意結。

有一對朋友離開了他們成長的教會（二十年），因為與牧者意見不合。他們沒有因此離開信仰，因為他們很清楚知道教會生活的失意不等於上帝的不真實。雖然已轉往另一間教會聚會（半年），但他們跟我說：「我們只參加崇拜。崇拜後，就離去。」他們昔日對教會生活的投入不復在。昔日他們曾是教會的中堅分子，但如今卻是游離者，沒有根，也沒有家。他們不是不可以再投入新的教會生活，但二十年的教會生活使他們有太多包袱和太多個人的限制了。

看見曾為教會出錢出力的他們竟成為今日教會的游離者時，心中很不舒服。若說教會生活的核心是敬拜上帝，聯誼只是伸延，甚至不重要的話，這對夫婦的經驗正反對這樣的看法。沒有好的聯誼就沒有好的敬拜。

然而，有些信徒卻可以沒有聯誼，甚至不在乎聯誼，去敬拜上帝。這是否代表他們的信仰就比以上的信徒更真誠？我並不認為是，因為他們只是另一種游離者。一方面，縱使他們可能持續地參與一間教會，但他們並沒有正式參與教會生活。他們只是旁觀者，遠遠地坐著，促促地離去。另一方面，他們可能會四處覓食。哪處有好的講道，他們就跑去那裡；哪裡有好的音樂，他們就跑去那裡。某程度上說，他們看敬拜上帝很重要，以致周遊。但在沒有聯誼的基礎上，敬拜上帝只是一種自我崇拜，因為他失去在聯誼下產生的承擔。

因著教會和個人的變遷，很多信徒已不可能再返回自己成長教會的人。若教會生活年資尚淺的話，他還可以重新建立新的教會生活。但若是資深的話，游離似乎是他們的命運。若接受敬拜上帝先於聯誼的話，他還可以自然地參加教會，但若認為敬拜上帝與聯誼是相輔相成的話，他內心的納悶將不斷加劇。

此刻，我恍然大悟。原來說「不是為了與友好相聚，而是為了敬拜上帝」這話的執事，竟然是游離者之一。

誰比誰更迷信

二〇〇三年，何志平先生以民政事務局局長身分到車公廟為香港人祈福。結果，事與願違，因為他被某些基督徒指控要為「沙士」在沙田爆發負責任。到二〇〇六年，何先生轉到黃大仙廟去，為香港人祈福。有別於上一次，他今次更主動撰寫祝文，希望上天體諒他的真心，庇蔭香港。有基督徒口痕友問：「難道他不懼怕要為禽流感在港爆發負責任嗎？」何志平何來有這麼大的影響力？我們如何解讀這事？

第一，若何志平的基督徒身分（他可能曾是基督徒，但至少這幾年來，他沒有公開承認他的信仰）是導致「沙士」爆發緣由的話，黃大仙廟等人真的不簡單。他們就是不信邪，甚至相信黃大仙不怕上主，還請何志平來主禮和祈福。若基督徒口痕友認為黃大仙信仰是迷信的話，他們今次的舉動卻一點也不迷信。他們不迷信何志平與「沙士」有關，不迷信何志平是剋星，更不相信他基督徒的身分會破壞黃大仙的威力等等。看來，他們比基督徒口痕友更文明。

第二，又若何志平的基督徒身分是導致「沙士」爆發緣由的話，政府還安排他代表政府出席黃大仙祭天儀式。難道政府也不信邪？基本上，政府官員出席這些活動與是否相信該信仰無關。政府的目的只有一個，就是要拉攏關係，擴大支持基礎。所以，數年前，當前特首董建華先生出席一個基督徒團體為香港祈禱聚會時，他來的目的只有一個，就是拉攏關係。有趣的是，那些籌辦者卻因董先生來而雀躍，並向他說「我愛你」。他們並不介意被利用，因為他們也利用了他。同樣，何志平出席黃大仙祭天儀式一事也有異曲同工之妙。

第三，難道何志平本人也不信上主的懲罰嗎？難道他有為了香港人的幸福，「我不入地獄，誰入地獄」的心胸嗎？又或許，他相信若今次行動沒有帶來禽流感的話，他的污名就會被洗滌。所以，為公為私，這一局不可不賭。

又或許，以上的發問都是多餘的。在他的專欄，他曾以「孱仔」老師為例說：「孱仔老師雖然是宗教科老師，但我們後來知道，他沒有一般的宗教信仰，相信他是另外有所追尋的。」這是否也是他自己的寫照呢？

神聖再現

二〇〇六年初，伊斯蘭教徒襲擊丹麥為主的領事館，甚令人憂慮。究竟這次的衝突會否導致西方國家與伊斯蘭教國家，民族與民族間不可挽救的仇怨？又這次的衝突會否導致新一輪暴力？雖然香港並沒有牽涉在內，但在地球村下，我們不再可以「各家自掃門前雪」了。

從這些衝突，世界體會到，原來在我們所居住的世界裡還有神聖這回事，並其信眾願意為維護其宗教的神聖而獻上生命。對某些人來説，這些信眾的行為是迷信和瘋狂，因為批評者已從世界中剔除神聖。不僅於此，他們更不接受別人對神聖的相信和尊重，以致拿對方的信仰開玩笑也不覺得有甚麼不妥，反而可能自豪地稱自己的行為為文明。正如昔日紅衛兵破壞廟宇的神像和教堂時，他們看他們的行為為「替天行道」，應被歌頌。

坦白説，當剔除神聖時，他們又偷偷地建立自己的神聖。昔日的紅衛兵如是，今日的傳媒也如是。對傳媒來説，新聞自由、言論自由和出版自由等等就是他們的神聖，不可侵犯。這與宗教所講的神聖並沒有太大的分別。

或許，支持新聞自由者會説：「新聞自由是為了公眾利益，但宗教不是」，但我看不見以侮辱漫畫來描繪穆罕默德與公眾利益有何關係。可惜的是，在新聞自由庇護下，對宗教的侮辱性立場也是新聞自由。這是現代人的文明抑或野蠻？當然，若某宗教的行為有違社會道德和法律時，新聞工作者應有勇氣將真相報道。這與侵犯宗教的神聖無關，因為宗教的神聖絕不是一個理由使它可以免受批判和監察。否則，它又墮入現代社會對新聞自由崇拜的陷阱中。

話得說回來，自己的宗教被人侮辱是否就等於可行使暴力？簡單來說，在西方國家和在伊斯蘭教國家的伊斯蘭教信徒有兩種不同的反應。前者採取比較溫和的態度。他們會以遊行方式和言論來表達他們的不滿，但不會選擇以暴力的手法來渲泄。究竟是他們懂得在多元社會生存之道，還是對信仰不夠投入？至於在伊斯蘭教國家的信眾，他們豪情地表達他們的情緒：燒國旗、破壞領事館，甚至可能襲擊外國人。究竟這是他們對信仰的熱忱，還是政府在背後的推波助瀾？

或許，文明社會最基本要求就是懂得在多元社會相處之道，維護自己的信仰時，也維護他者的尊嚴。

不離婚也是罪

有信徒認為基督徒離婚是罪，因為他們違背了承諾，也破壞了上帝對婚姻的原意。雖是如此，但他們仍會接受因姦淫和因不信的一方不願意與其信徒配偶一起作為離婚的原因，因為這是聖經無可奈何下的容許。相對來說，那些因被虐待（暴力或精神）、因意見不合或因感情趨淡等等原因而離婚就不可接受，因為聖經沒有提及這些理由。然而，縱使離婚不是上主對結婚雙方的心意，但上主卻接受例外（因姦淫），保羅更伸引以斯拉的做法（與不信的一方分開是可接受的）。從這些例外中，我們發現：第一，這意味著離婚不必是罪不可赦，反而有些離婚是情有可原。第二，這些例外沒有必然成為另一律法，反而我們需要就我們的時代思考婚姻的例外。以上的說法並非要為離婚開綠燈，而是不要將離婚簡單化約為罪。甚麼是當下的例外？這並非是本文的關注，但當例外是存在時，我們對上主就可能會有新的認識。

傳統來説，罪往往被理解為某一些行動（例如離婚），但重要的是，罪更關乎疏離，是一種狀態。在離婚這議題下，疏離不只因離婚而來，更可以在婚姻裡發生。例如，一位被丈夫虐待的妻子已深深體驗與其丈夫的疏離；一對已失去感情但又要維護婚姻關係的夫婦也深深體驗與自己的疏離。從此看來，某些離婚者在未經歷罪（離婚這行動）之先，他已經歷活在罪中。因此，那些不按理指控離婚者為犯罪和得罪上帝之時，他們並沒有雪中送炭，只是落井下石。這與福音書記載的耶穌有天壤之別。

離婚者所需要的，莫過於從上主帶來的復和。事實上，上主亦會以復和者的身分與離婚者相遇，而不是以審判者的身分。復和並不必然將已破壞的夫妻關係重建，因為感情一事是不可勉強的。因此，上主帶來的復和有三層意思。第一，在上主眼中，離婚者是被接受、被擁抱，甚至被赦免（若需要的話）。他不是次等的基督徒。第二，上主的復和使當事人與自己復和，甚至可能因而有勇氣離婚。上主帶來的復和就是充權。或許，我這樣說法可能離經叛道了。但當看見被虐婦女沒有離婚的勇氣時，我的看法並非妄稱上主的名。第三，上主的復和使離婚雙方向對方尋求寬恕與赦免。雖然夫妻關係不可繼續，朋友的關係也不易維持，但憎恨仍需要處理。

離婚沒有值得被歌頌之處，但這不是不可接受。基督徒當傳的福音，就是上主帶來的復和，而不是不按理地宣告離婚就是罪，得罪上主。

工作與私德

一般工作對個人私德並沒有太高要求，因為辦事能力才是最重要的考慮。因此，若工作者有好的私德（例如：很照顧家庭、多參與教會活動），但工作表現在一般要求以下，他仍會被辭退。然而，很多基督教組織卻在這個問題上糾纏不清。一方面，他們明白基督教組織跟任何組織一樣需要有合適員工和好的人事管理，以致事工才可以拓展。能力不逮就要另謀高就。另一方面，他們肯定基督教組織跟非基督教組織並不完全相同，因為相對地，它看重與員工的關係，而非事事以事工為首。對不稱職的員工給予機會和忍耐，是他們管理特色。在這矛盾下，很少基督教組織會主動「請」人走，不合適者仍舊留下。結果是，事工的質素下滑，甚至令稱職的同事無奈地離職。當然，我絕對贊同工作世界需要有人情味，但當人情味被濫用、製造不公平和影響受服務者時，「請」他走不失是一件好事。

第二個情況是基督教組織要求受僱者不但有高辦事能力，更要求他有好的私德。換句話説，若私德出現問題，受僱者極可能被辭退。當然，在群眾壓力下，受僱者多選擇自動「消失」。在倫理學上，我個人傾向德性倫理。因此，我並不認為私德只屬於個人的事，與其他人和工作無關。但當工作與私德被視為不可分割時，我卻有疑問，因為我看見當中缺乏基督教組織常常高舉的人情味。以下，讓我以教牧和基督教組織高層人員（總幹事）為例來說明。

教牧需要有好的私德，因為他不是行政總裁，而是生命的師傅。好的行政能力有助他的牧養，但行政不可能取代與不同生命的接觸和相遇。因此，誠實的教牧比有高行政效率的教牧重要，有憐憫心的教牧比有高策劃能力的教牧重要。然而，是否一切私德都要被考慮和檢查，才可升任教牧、總幹事、神學院教授等等？事實上，沒有一個人是完全。那麼，我們如何決定哪些私德比較重要？又哪些私德是他的「私」，無需交代和過問？再讓我以一個例子說明。

當有教牧、總幹事或神學院教授選擇離婚，他當下的工作（事奉）是否仍可保留？有基督教組織認為這是失見證。但為何離婚就是污染了上主的名？離婚者仍可以留下工作，是否也可見證上主對人的接納？說到底，離婚是夫婦二人的「私」事，外人可知道的有限，但外人卻以此來決定一個人的工作未來。這是野蠻的行為，但卻在基督教圈子裡繼續發生。結果是，很多人虛偽地維持他們的婚姻關係，以致他們可以事奉和工作。導致如斯結果，是他們的虛偽，還是那不由分寸地將私德與工作扭在一起的意識型態？

私德對工作有一定的關係，但不認真分析（例如：何種關係，何種私德），它只會製造虛偽和悲劇。

我們需要黨報嗎？

「出錢就有權話事」是一般人的想法。然而，這道理並非金科玉律。例子之一，就是當下香港電台的角色。香港電台的財政全來自政府，但不因此，香港電台就要成為政府的宣傳工具，不可批評政府和唱反話。當然，有人極不滿意香港電台這獨立身分，且要求香港電台成為政府的「黨台」、「國台」或「政台」。按「出錢就有權話事」的邏輯，提出上述要求非無道理，但這是否政府當下的意願？不容置疑，香港電台扮演政府與市民溝通的重要橋樑。所謂溝通，不論好話與壞話都要聽，批評來自本身或外來也不重要。否則，溝通只是選擇性、單向性和局部性。事實上，香港電台的公信力正在於此。它不怕得罪政府與公眾、不向金錢屈服，全心建立社會溝通。坦白說，在當下社會底下，若香港電台成為「黨台」、「國台」或「政台」的話，它只會被市民厭棄。政府深明這道理，但那些支持香港電台成為「黨台」、「國台」或「政台」的人士仍停留在一百年前的封建社會，以為「出錢就大晒」。他們的幫忙是幫政府倒米。再者，在資訊自由流通下，「黨台」、「國台」或「政台」的角色，並沒有將來。

說回來，教會對以上理解是否明白？若以《時代論壇》為例，它應否成為「教報」（只宣傳教會傳統的立場）？當

《時代論壇》接納投稿者以嚴厲眼光批評教會的不是，或説出與教會傳統不一樣的立論時，教會是否可以倣效香港政府，不以經濟（例如終止訂閱和廣告）迫使《時代論壇》就範？從「出錢就有權話事」邏輯下，教會有選擇自由，但這所謂為真道而戰的態度只會扼殺教會和弟兄姊妹成長的空間。於我來説，我珍惜《時代論壇》開闊教會和信徒對基督教在社會的認識；欣賞它提供一個互動和真誠的平台，讓不同意見人士可以交流；支持它成為一個對教會和信徒有鞭策能力的報刊。因此，跟香港電台一樣，《時代論壇》不應只講「官方言論」。當然，它不應嘩眾取寵，但也不應向錢和權力低頭。

容許我這樣説，有太多教會跟已故徐四民先生的態度同出一轍，認為為教會（或政府）服務就等於宣傳它的觀點，不應批判它。也有太多教會接受「出錢就有權話事」的股東意識，而缺乏對被支持者自主性的相信。若香港電台成為「黨台」、「國台」或「攻台」正是它的死亡原因的話，《時代論壇》應引以為鑑。當社會已邁向更大的民主，和資訊已邁向更大的自由時，教會需要放下它的霸權，也要走出自己狹隘的世界，以理性和自信與弟兄姊妹接觸。

祈禱的政治性

當二〇〇六年傳媒報道程翔在監讀聖經一事曝光後，我很快就收到朋友寄來有關的電郵。一方面，這電郵的目的提醒我們要為程翔信耶穌祈禱；另一方面，這電郵的目的要見證聖經的力量。有趣的是，發電郵這朋友，從程翔被捕到被裁判的日子，並沒有關心他的安危，也從不關心中國的司法公正；但當聽到程翔讀聖經一事時，她卻變得很關心程翔。明顯地，她將人對靈性的需要，和人對公正的需要，切割地劃分了。假若程翔所閱讀的不是聖經，而是其他宗教的經典時，不知我的朋友會如何看待他？程翔的妻子劉敏儀說得好：「對於我這種有信仰的人，生命中最重要就是信仰，其餘一切都是沒有意思的。我覺得，他（程翔在獄中）得到人生最有價值的東西。」要留意劉敏儀是佛教徒。作為基督徒的我，我相信聖經的感召力，但我拒絕因聖經看不起其他宗教。我為程翔祈禱，因為我一直掛心這事；我為程翔祈禱，因為我深願他的意志沒有被摧毀。

至於那些擅用知名人士見證作傳教之用的基督徒團體，對程翔讀聖經一事並沒有任何明顯動作。或許，他們沒有任何途徑可以接觸程翔，查詢他的信仰狀況。所以，不說話比說話好。然而，以他們昔日的做法，他們大可以貼身訪問程翔兄長，拍一套特輯，但他們沒有這樣做。是否因他們學懂不要好大喜功？是否他們不想將程翔變成風雲人物，而導致他的處境更不利？是否他們尊重程翔本人？是否他們不想捲入政治漩渦？若是前三者，這是一件好事，但我擔心卻是後者。我的擔心並非無道理，因為他們從不關心社會議題。社會議題只是傳福音的工具。對他們來説，福音對社會議題並沒有甚麼具體意義。有趣的是，他們又很懂政治，擅於走位，不會與中央對抗。程翔一事太政治了（間諜罪），所以，不講為妙。例如，在每日《明報》刊登的禱文中，執筆之時我還未閱讀到一篇有關為程翔得到公平審訊的禱文。或許，程翔一事是個人的事，與其他人無關吧！我支持任何為香港祈禱的行動，但不願看見祈禱的內容受政治考慮決定。

信耶穌是一件好事，讀聖經也是，但當這些事成為別人宣傳工具時，這不是好事。祝福香港是一件好事，為香港祈禱也是，但當這祝福和祈禱有自我審查時（例如，在六月四日祈禱會中不提六四），祝福只會變成詛咒。

為何要加上愛國兩個字？

當得悉有人發起在六月十一日（二〇〇八年）舉行「愛國禱告日」時，心中出現很多疑問。第一，這些人是否有留意一九九六年國慶禱告日產生出來的爭辯嗎？當時爭議之一：為何這些基督教人士需要這樣主動慶祝國家？爭議之二：這些活動是否使教會失去它的批判性距離身分？奇怪的是，今次「愛國禱告日」並沒有產生教內很大的討論。但這又不意味著「愛國禱告日」的認受性高，反而相反。從發起人名單來看，他們在教會圈子內的認受性不高。所以，他們的代表性有限。再加上，他們比較親政府，所以，他們的舉動沒有甚麼奇怪。這解釋為何基督教圈內對他們的做法沒有興趣去留意。若我的推論成立的話，為何我又要在專欄拿他們出來討論？原因只有一個，就是他們不是沒有選擇，但為何要這樣選擇。

第二，他們對愛國一詞的運用是否留意？在此，我不是要討論人應否愛國，而是愛國一詞在中國和香港的運用上已帶有一定的政治取態。這從四年前中國官員一句話可反映出來：「只有愛國人士才可以當特首」。所以，為要表明自己是中央政府信任的人，表明自己是愛國人是首要的。所以，有朋友跟我說，用愛人比用愛國更適合。令人很難相信，這次祈禱會選擇以愛國命名。這反映他們的政治無知，還是藉祈禱賺取政治籌碼？我相信後者居多，因為發起人中不少是有識之士。

第三，當奧運一事已激起中國人的民粹主義時，我們是否有政治敏感？雖然執筆時，這祈禱日還未到，但以愛國命名的祈禱會沒有為民粹主義降溫，反而加溫。這正是危險所在。又當奧運已變成國家榮辱，而不關乎人類團結時，我的擔心並非無道理。或許，發起人當中也有民粹主義者。說回來，為何要在今年辦愛國祈禱日？為何要在奧運前？或許，答案只是很簡單，因為這愛國祈禱會是為了受地震影響的人。若是，請放棄用愛國這兩個字，不要用災民成為你們的立品的工具。

第四，選擇發起這次愛國祈禱日的人，是否也會參加基督徒愛國民主運動祈禱日？我相信他們不會——是因為他們不敢，多於因為不認同。當然，我也不會出席愛國祈禱日，不是因為我不敢，而是不認同。我承認我有立場，而這立場是帶有政治含義。但發起這次愛國祈禱日的人是否有勇氣承認自己的立場，並承認有政治含義嗎？或許，這正是問題的所在。

交易關係

生活世界牽涉交易關係。這與市場經濟沒有必然關係，反而是生活的現實。交易含意生活的相互性，以致個人不可能自給自足。此外，交易也含意對方（或其物品）有其價值，以致當事人想跟對方做交易。當然，若任何一方對對方開出來的條件不滿意或不覺得需要交易的話，交易就不會發生。所以，交易假設雙方願意，也彼此從中受益。若不然，我們就找不到原因要交易。

以上對交易的理解只是生活現實其中一個片段。換句話說，交易可以在一個不平等關係裡發生，而弱勢一方的議價能力可以很低。這不平等交易不可以稱為交易，因為它是一種暴力和欺壓。所以，消費者委員會提出不同的措施來平衡各方權力。例如，在簽署賣買個人各類長期人壽保險，有十四天冷靜期。從此看來，權力平衡是交易關係一個很重要的原則。

然而在現實世界裡，各方權力又不一定可以透過中介人來平衡。又或，權力平衡不一定是交易關係要追求的事，因為權力平衡可能只會加強強勢者的暴力。有一種情況，就是強勢者認為有交易的需要，而弱勢者就被迫進入交易關係。在交易過程中，強勢者盡得優勢，而弱勢者也許可從中得些微利益。因這是一種不平衡交易，所以，弱勢一方沒有太多議價和選擇能力。若權力已極之不平衡，為何強勢者仍選擇交易，而不直接地強搶？有兩個可能。第一，用強搶來描述強勢者並無不妥。事實上，強勢者今日所表達的交易只是將昔日的強搶美好化。這是一種進步（文明）還是更野蠻，就見仁見智了。第二，用交易不用強搶，就含意弱勢者仍有某些價值，但這價值不是透過強勢者的暴力就可以奪過來，反而透過交易可以換過來。所以，我們看見強勢者願意作出某程度的讓步。

若權力已極之不平衡，為何弱勢者仍選擇跟強勢者交易？有弱勢者選擇不交易，寧願兩敗俱傷。但有弱勢者選擇交易，不是抱著對方將給予很好的條件，而是利用本身仍有的些微價值，爭取最大利益。這兩種不同選取的人很容易有內訌。坦白説，沒有那些倔強弱勢者，妥協弱勢者之些微價值只會不斷減少。他們可以有某程度的議價能力，不是因強勢者的慷慨，而是因倔強弱勢者的執著。同樣，倔強弱勢者之所以沒有被強勢者徹底欺壓，不一定因為倔強弱勢者的堅決，更是因為妥協弱勢者的讓步。當然，我沒有排除機會主義的弱勢者。他們正是倔強和妥協弱勢者要追討的人。

以色列之旅——再思神聖

以色列被視為宗教聖地，但它所展現的神聖只是個別宗教對神聖的理解，而非作為奧祕的神聖衝著人的生命而來。當神聖不再被尊重和不容許以其主動性與人接觸時，神聖反成為人與人、社區與社區分割最好的理由，因為只有分割，我們各自才可將神聖保存。這正是當下我在以色列看見的事。

走進猶太人會堂時，男女就被分開，不可以在同一個門口進入、祈禱也是分開進行。此外，猶太人會堂分別有不同傳統，而不同傳統的會堂對其他傳統也有排斥。因我們的領隊是巴勒斯坦人，而他也因其身分被禁止進入猶太人會堂和墓園。若耶穌時代的猶太人宗教已嚴格將猶太人和外邦人分開時，今日仍舊如此。這分割也伸延至生活層面。我們看見猶太人社區與巴勒斯坦人社區分割，沒有共同生活的體驗。巴勒斯坦人只去自己人的商店光顧，猶太人也是如此。巴勒斯坦基督徒又如何？他們並不比別人開放，仍是在自己圈子內生活。或許，這一切可歸咎於政治因素。若是，我們只見證政治凌駕宗教，而宗教只為政治服務。

這次以色列之旅讓我開始體會神聖不在於分別，反在於聯合。按猶太基督教傳統，神聖就是分別之意。當以為神聖會帶來對上主的尊重時，我發現這理解卻帶來民族與民族、宗教與宗教的隔離，因為分別的意識不會使人覺得有需要與別人合作，反而只會強化自己的優越性。雖然這不是必然的結果，但這卻是如此發生。這解釋了為何宗教容易帶來衝突，因為各宗教都是從分別來理解神聖。結果，他們都是從自己角度看事物，而沒有欣賞別人的神聖。正因如此，我建議從聯合去認識神聖。

說神聖是聯合是否違反神聖之意？對正教會來說，救贖的目的是讓世界參與三一上主的生命。換句話說，上主的神聖不是要與世界分別，反而祂邀請世界與祂聯合。上主這份神聖衝擊我們，使我們重新思考神聖的真實意義。即上主不是遠離世界，反在世界之中。此外，當下教會普世合一運動正伸延上主對世界救贖之意。普世合一運動不僅將不同教會聯合，也推動宗教對話，讓宗教的神聖可以成為和諧社會的推動力。作為基督徒，我們可以為世界聯合出一分力嗎？還是我們的虔誠使我們成為破壞王？

以色列之旅——另類旅遊

縱使你對政治毫無興趣，但到以色列旅遊卻不能不遇上政治。在今次以色列之旅，我選擇住在伯利恆（有七晚），距離耶路撒冷只有五公里。按以色列官方政策，伯利恆被列為C區。C區的意思是居民是巴勒斯坦人，但由以色列政府管治。以色列政府在其管轄地區往往設上檢查站，要求出入管轄地區的人都要出示證明才可以出入。巴勒斯坦人如是，遊客如是。因以色列政府大力推動旅遊業，所以，遊客進出檢查站沒有太大問題。反而住在自己地區的巴勒斯坦人卻受到諸多控制。一方面，他們會被拒絕進出。另一方面，他們往往用上二至三小時才完成進出伯利恆手續，而被檢查的過程是極之侮辱性。接待我的巴勒斯坦人就從沒有到過耶路撒冷。有一件事不可不提，就是以色列政府可以隨時關上出入閘，沒有需要預告。我也遇上這情況。當檢查站被關上時，住在管轄區的人就被圍堵了。

或許，站在國家觀念來說，以色列的做法並沒有錯，因為這是它的地方，所以，它可以拒絕受懷疑者進入。但現實卻非如此，因為西岸（West bank）並不屬於以色列，反而以色列違反一九九四年協議，不斷霸佔屬於巴勒斯坦的西岸，並在其中設立檢查站和以色列人移民區。以色列的行為等同強盜。可惜的是，當以色列復國被視為上主最大的神蹟時，很多基督徒已沒有興趣要知道以色列人用甚麼方法達到它的目的。這是當下很多聖地團的盲點。

在停留以色列期間，我有機會探訪巴勒斯坦人難民營。難民營的出現，是因為以色列政府以暴力方法霸佔巴勒斯坦人的鄉村和城市。被趕散者成為沒有自己家園的難民，而聚居一處。此外，我更有機會訪問一個為巴勒斯坦政治犯爭取基本人權的組織。與我分享的，是一個曾被坐牢的政治犯。他坐牢時只有十五歲。他很仔細說出以色列監獄所用的酷刑，並指出整個審訊過程的不公義。一句國家安全已壓倒一切。對於住在香港的人來說，這司法制度是不可想像，但我們國家何嘗不是用相類似的方法對待異見分子呢！我開始體會無政府主義者的訴求，因為國家安全可以合理地侵犯人的安全。

一位巴勒斯坦青年跟我說：「我們要求，只是進出自由，可以歸回自己家園的自由。你可以在我們的土地自由進出，但我卻不可以。」

以色列之旅——難民

在逗留以色列期間，我有機會到訪其中一個巴勒斯坦人的難民營。這難民營已有五十年，難民有一千多人，孩童佔了六成。住在其中的人，主要是因以色列政府非法霸佔巴勒斯坦人的鄉村和房子，而被迫搬遷到這裡。難民就是那些無家可歸和有家歸不得的人。

對於設在巴勒斯坦人管轄地區的難民營，總令人有點困惑。第一，他們已在自己人管轄地區內。何來仍是難民？第二，他們可以選擇不住在難民營。為何他們仍選擇住在難民營？就此，我們需要留意三件事。第一，就是人與地的關係。對於在大都市長大的香港人來説，我們對地的感受不深，因為流動才是都市生活的特色。所以，很少人會因成長在慈雲山，就不願意搬離慈雲山。此外，我們社會對舊區清拆也沒有太大反抗。然而，對於上一代來説，人與地的關係卻很密切。所以，他們要回鄉建祖屋、回鄉掃墓和安老等等。當然，現實可能令他們失望，因為鄉村也變了。住在以色列那邊的巴勒斯坦人就跟我們上一代一樣，對地有很深的感情。不准回到自己的地，就是難民。事實上，以色列人豈不有這想法，以致他們要回到他們認為自己的地去才得安慰嗎？可惜的是，以色列人對巴勒斯坦人的遭遇卻沒有感同身受，反而用種種方法將他們趕離。縱使身處在難民營中的人可以選擇在其他鄉村生活，但這不會為他們帶來安慰，因為歸回到自己的地才會使他們安息。

第二，繼續要保留難民營，是一項集體回憶。沒有集體回憶，受苦者（難民）的苦難就很容易因時間而被遺忘了。在難民營中，他們設了一個文化中心。它不只提供各類型活動，更以不同方式（例如房間名字）紀念被摧毀鄉村的名字，並保留了不同鄉村的服飾。難民營本身就是一個象徵。向巴勒斯坦人説，你們是難民；向以色列政府説，你是殘暴者。

第三，不搬離難民營屬於那些有強烈社會意識的人。此外，願意繼續住在難民營中的人應該較為貧窮，因為他們相對地較易在難民營取得他們所要的物資。從這角度來説，難民營本身就是貧窮。再加上，以色列政府間中中斷電力供應，並以圍牆將難民營隔離的做法，使裡面生活的人變得更艱難。

在自己的地成為難民是一件荒謬的事，但卻發生在巴勒斯坦人中。

文明篇

情侶，不是罪人

「甚麼是上帝的愛？」

口痕友認真回答：「上帝愛我這個罪人。」

十年後，當口痕友被問同一個問題時，他的答案仍舊一樣。他的回答並沒有犯上任何神學上的錯誤，甚至可以被理解為對罪有更深的體會。然而，若與上帝的關係只停留在救贖者和罪人的關係上，上帝與人的關係始終有很大的距離。這正是為何保羅特別強調我們是上帝兒女的身分，而不是奴僕身分。

情人節使我想起上帝與人作為情侶的關係。以賽亞書六十二章5節說：「新郎怎樣喜悅新婦，你的上帝也要照樣喜悅你。」以情侶關係來描述上帝與其子民的關係在新約聖經也找到（基督與教會）。再者，中古時代的靈修大師（例如聖約望十架）也以新郎和新婦的關係來描述上帝與人的關係。一如運用父親與子女關係來描述上帝與人的關係，新郎和新婦的關係並沒有否定人是罪人的事實，而是不止於此。

在新郎和新婦的關係下，「甚麼是上帝的愛？」就需要有不同的答案。意即，我們不會以「上帝愛我這個罪人」作為標準答案。我從沒有聽見一位新郎向新婦說：「我愛你，因為你可憐。」相反，在新郎和新婦的關係下，我們需要對對方欣賞，也要對自己有一份自信。例如，新婦對新郎的欣賞是裡外一致和沒有架子，而新郎對新婦的欣賞是她對朋友的真誠和一份堅韌的生命力。當欣賞不到對方的美而只看到對方是罪人的話，新郎和新婦的關係難以維持；同樣，當缺乏自我欣賞時，新郎和新婦的愛也難於成長。

然而，口痕友批評地說：「這種愛仍不是愛，因為它建基在某些條件上。真正的愛是因你就是你，而不是因為你是裡外一致或其他原因。」這回應並沒有錯，甚至可能很浪漫。弔詭的是，這也可能是新郎對新婦的藉口，因為他對新婦一點欣賞也沒有或不懂對人欣賞。所以，他只能說出這樣虛幻的話。「你就是你」固然重要，但「你就是你」不是一個沒有歷史、沒有個性和沒有德性的抽象人。相反，在德性下，裡外一致和沒有架子就是你，對朋友的真誠和一份堅韌的生命力就是你。這一切不是外在加在你身上的事，而是屬於你本身。在德性下，裡外一致，與你並沒有分別，你不會因疾病或其他遭遇失去這份德性。

我們是否知道上帝欣賞我們甚麼？是否有自信地欣賞自己？在新郎和新婦的關係下，欣賞和自信是愛的表現。但願我們在情人節的日子，暫放下罪人身分去認識上帝與我們的關係。

神貧

神父說：「當我在羅馬讀神學時，我的行李只有一個書包這樣大。但四年後，我的行李卻多得很。這經歷提醒我需要不斷反省和革命，將不需要的放棄，回復自由。」

我回應說：「若這事發生在基督教的神學生身上時，他多會說：『感謝主，因為我起初是沒有的，現在卻豐盛。』」誰是誰非？

神父又說：「當我讀神學的時候，我要有很好的準備。用三年時間讀好拉丁文、哲學，並有好的靈性操練。」我回應說：「當下很多基督徒讀神學的態度，就像消費者，左挑右選。弔詭的是，神學院也將自己變成商品。」

天主教看神貧是自由與恩典，所以，這位神父沒有對他的擁有感謝，反覺得他所擁有是一種捆綁。相反，基督教看物質的豐足是上主的恩典和祝福，所以，這神學生從沒有質疑豐足本身是禍的可能性。或許，這解釋了韋伯（Max Weber）對資本主義的興起與基督教精神的關係，更說穿了流行於商界的基督教繁榮神學。

基督教是否真的不嚮往神貧？傳道牧者的待遇豈不反映神貧嗎？首先，神貧絕不應成為一個剝削別人的藉口，或將貧窮合理化。再者，神貧不應只屬於神職人員。否則，我們不但沒有打破聖俗之分，更強化聖俗的二分。因此，要求教牧傳道神貧的執事不覺得自己也需要神貧時，神貧就是欺詐的代名詞。又當繁榮神學以財富多少來反映上主的恩典時，教牧傳道是否也可以這樣禱告，爭取更高待遇？若不可以，傳道牧者的低收入並沒有反映基督教對神貧的嚮往。

說到底，神貧是一種生命態度，而不是恩賜。所以，問題不是那個人是否被選上，才可能實踐神貧，而是一個人如何看生命。

為何基督教不大聲講神貧？第一，基督教的牧者要養妻活兒。自己不要吃，家人也要吃。尤其當另一半也是牧者時，神貧更不可想像。第二，教會的群體意識很薄弱，以致不覺得需要承擔退休牧者的生活。這也很難怪責教會，因為照顧牧者一家的生活為教會帶來經濟壓力。第三，因為基督教教會的權力多落在會眾手上，而非教牧身上。神貧對會眾來說，始終是敬而遠之。所以，作為「僱員」的教牧不講神貧為妙。

說回來，為何強調神貧的天主教會卻相對地富有？難道工資佔了教會開支大部分？難道當教會實踐神貧時，奉獻者亦變得樂於捐輸？還是這跟老本有關？

精神遺產

對於有機會出席「香港天主教修會及傳教會歷史會議」，我的感受很新奇。這可能與我對天主教制度陌生有關。雖是如此，但因著同一個信仰，我仍可以就其宣教活動作出回應，而他們亦能明白我的回應。

其中一個重要課題就是修會和傳教會與本地教會的關係。此外，修會（例如喇沙）也面對缺乏新一代修士；如何繼續發展或保存修會傳統，成為共同關心的課題。會議中，一位本地神父提出「死亡的藝術」。意即，修會和傳教會需要以死亡的態度來看待自己，以致他們可以更融入本地教會，甚至將他們的成就（例如：學校、物業）轉交給本地教會。一位外籍修會的神父卻回應説：「死亡的藝術不只屬於修會和傳教會，本地教會也要學習死亡，以致它才可以服務社會。」在爭論本地教會與修會的關係時，一位波蘭籍的學者説：「修會與傳教會可以死亡，但重點不只是如何光榮結束，更是如何將他們的遺產（精神）傳遞。」他的分享帶來我心靈的迴盪。

我在不同場合曾説過（最近一次是在新加坡），教會機構有其歷史任務。當任務完成（可能沒有完成的一日）或歷史改變，教會機構就要思考它是否需要繼續存在。結束可以是一件很感恩的事，就正如人的離世。然而，這位波蘭籍神父的話提醒了我，結束只是組織上的結束，而非精神遺產的結束。否則，教會只可能是一個沒有根，沒有內涵的群體。

相對於天主教，基督教的根和內涵很薄弱。不是因為我們只有五百年歷史，而是因為基督教看結束是競爭的結果。在汰弱留強的邏輯下，我們豈會珍惜被淘汰者的精神遺產呢！被淘汰者就是弱者，何來會有優點？若是有，它就不會被淘汰。我個人對《突破》雜誌的認識不多（因為少拜讀），但它的結束（一九九九年九月）成為很多人討論的焦點。其中之一，就是已故楊牧谷牧師對它的批評。是否如楊牧師所說「信息衰竭乃謝幕的徵兆」？我不知道，但《突破》雜誌的精神遺產不應因它的結束而消失。精神遺產不等於要《突破》雜誌再生，而是以不同形式、不同方法、在不同角落延續。目的不是懷緬過去，而是精神遺產是超越時空。當有精神遺產可以傳遞，結束與否並不是甚麼大不了的事。

一個也不怕少

「一個也不能少」是基督教很重要的價值。這也是路加福音第十五章有關失羊、失錢和浪子等比喻所要表達的價值。其中不但指出每個個體的重要，更帶出群體對個體的承擔。「一個也不能少」成為學校對學生、社會對被囚人士，和醫院對病人的態度。在「一個也不能少」之外，我的朋友補充一句：「一個也不怕少」。沒有「一個也不能少」，「一個也不怕少」就變得很自大，缺乏承擔；同樣地，沒有「一個也不怕少」，「一個也不能少」就可能將個體捧得太高了。

那麼，在「一個也不能少」下，我們如何理解「一個也不怕少」？

第一個場景，就是人的離開。對一個機構來說，總幹事的職位很重要；對一間教會來說，主任牧師也是如此。在「一個也不怕少」和「一個也不能少」的意識下，我們珍惜他們的貢獻，但不因此，他們的離開就等於機構和教會的結束。事實上，人事變動時常發生，不將自己或別人看高於所當看就可以了。然而，今日出現的問題是，太多人太高估自己的影響力，以致當有人向他說「一個也不怕少」時，他就覺得被遺棄。結果是，他用盡種種方法來證明自己的價值（透過濫權和玩弄人際關係），甚至不願意放下權力。

第二個場景，就是做回自己的掙扎。當一個人可以對他的支持者說「一個也不怕少」時，他就更有勇氣做自己應要做的事。當然，這從來不是一件容易的事。誰人願意跟他的支持者作對？哪一間公司願意跟它的顧客對抗？我擔心的，就是太多教會機構向其支持者說「一個也不能少」，而漸漸失去自己。有一次，一位牧師說：「我們教會奉獻錢給神學院，神學院就要服務我們。」神學院有責任服務教會，但不是受教會給它錢的邏輯決定。換句話說，「有錢不是大晒」。教會機構可以有勇氣說「一個也不怕少」嗎？

說回來，我們如何可以同時「一個也不能少」和「一個也不怕少」？教會機構如何向其捐款者說「一個也不能少」，但「一個也不怕少」？又教會如何向世界說「一個也不能少」，但「一個也不怕少」？上帝是否也會說同樣的話？若是，我相信可以說這樣話的人必然很沉重，而不是寫意，因為不能少和不怕少是弔詭的。生命的矛盾正在於此。

默默地感謝

他從病患中痊癒，便說：「感謝上主聽了我禱告。」他終於得到釋放，他的朋友便說：「感謝上主聽了我們的禱告。」對於這種感謝上主的反應，我們並不陌生。不但因為他們的經歷往往被編寫為見證，公開演講，更因為我們也可能身同感受。

雖然可以痊癒和可以釋放等等皆是上主的恩典，但我傾向不公開說，只藏在心裡。不是因為我不願公開認信，而是因為我還未解答到那些有相反經驗朋友的疑慮。意即，有人比我更虔誠禱告，但得不到痊癒；有人比我更堅定相信，但得不到釋放。我的疑惑：我公開對上主的感謝會否使他們更難受？或許，我可以解釋，上主的恩典是自由的，所以，我們豈能向上主投訴祂「大細超」！又上主的恩典不是賺取回來，所以，個人的敬虔和信心不構成決定上主對我的恩典有多少。甚至我更可以說：上主對我的憐憫，只因我是最軟弱的一位。這些都是合理的解釋，但對於正在病患和下在監裡的人來說，這些話太不近人情了。所以，我傾向不為我的痊癒和我的釋放講見證，反藏在心裡，默默地感謝。

說回來，我們是否不應該公開講感謝上主的話？在病患過程中，我經歷上主給我的安慰與同在，使我有勇氣面對和接受悲劇。這是我會講的見證。在下在監裡的日子，我經歷上主給我的釋放與尊嚴，使我有能力去寬恕和關愛。這也是我會講的見證。這見證的特色沒有將上主的恩典等同某一種外在環境，以致仍在病患和下在監裡的人也可以有他們對上主感謝的話。再者，這見證要說出上主對生命的改變，而不是對環境的改變。環境的改變沒有必然帶來生命的改變，但生命的改變可以成為改變環境的動力。

以上兩種對上主感謝的話反映兩份不同心情。前者可能是勝利者的心情，因為困難克服了，而後者的心情卻帶著一定程度的苦澀，因為當事人仍在困境中。此外，他們最大的分別在於後者反映出一種糾纏的信仰。心底裡，我渴望可以有前者的體驗（有誰不願意痊癒，不願意釋放？），但現實生活使我認同後者，因為現實實在有太多令人悲哀的故事。當然，兩者並不對立，我也經歷兩者的實在，但我傾向對前者的經歷沉默，對後者的經歷多分享。或許，這解釋了朋友們評價我的信仰體驗帶點悲觀。

上主的恩典夠用

二〇〇八年四川的地震和緬甸的風暴，讓人體會生命的悲劇。面對悲劇，我們主要有兩種取向：第一，就是預防，減少可以避免的悲劇出現；第二，就是面對悲劇的能力，不讓悲劇無止境地擴散。現在，我們要做的，就是面對悲劇的能力。此刻，我想起《聖經新譯本》（林後十二7-9）：

「又因為我所得的啟示太大，恐怕會高抬自己，所以就有一根刺加在我的身上，就是撒但的差役來攻擊我，免得我高抬自己。為了這事，我曾經三次求主，使這根刺離開我。祂卻對我說：『我的恩典是夠你用的，因為我的能力在人的軟弱上顯得完全。』」

我不能否定保羅對自己遭遇的解釋。但當他的經驗成為一個典範時，基督徒就習慣以更高的意義去解釋悲劇。例如，面對悲劇時，有基督徒說，這是主的心意、考驗、是為我們好等等。結果，我們的生命失去應有的哀傷、忿怒和無奈。事實上，生命的因果並非事事清楚。接受生命的悲劇是對信仰的考驗。

經文中提到那一根刺為保羅帶來不舒服，以致他三次求主將這根刺除去。若這根刺代表悲劇的話，保羅的經驗告訴我們至少兩件事：第一，生活是有悲劇的，這與你是否虔誠沒有關係；第二，生活的悲劇不一但可以改變，它會陪伴我們一生。這理解讓我們有心理準備，我們會為悲劇中的人禱告，祈求主使我們遠離凶惡。接受生活有悲劇，使我們可以放下「何必偏偏選中我」的自憐。

保羅的見證說：「主的恩典夠我用。」對一個在悲劇掙扎中的人，他或許仍可以說這話。但對那些在瓦堆底下，等候拯救，卻最終沒有得償所願的人來說，甚麼是主的恩典夠用？若主的恩典夠用使人可以面對艱難的話，這些人卻沒有機會，因為他們正在死亡。我開始體會，原來「主的恩典夠用」除了從勝過困難來理解外，也是「縱使死，主與我一起」。當說這話時，我的心情很沉重，因為對仍在等待親朋從瓦堆裡被拯救出來的人來說，這話可能太殘忍了和不近人情。

雖是如此，但「主的恩典夠用」使我們相信：悲劇的人生不會以悲劇作為生命的終結。願我們的禱告和幫助，成為主恩典的管子，讓在悲劇中的人可以經歷主的恩典夠用。縱使艱難，但生命不是痛苦，而是恩典。

榮耀上主

回港途中，接獲消息：一位正參與扶貧短宣的朋友因交通意外離世。眾人都為著他的離世感到惋惜。一位大好青年，願意用假期和金錢跑到遠方做志工，實在很難得。但為何上主不額外保守他？他的委身難道不值得上主多一點保護嗎？

在心靈沉重下，我想起聖經一句話：「你們或吃或喝，無論做甚麼，都要為榮耀上主而行。」（林前十31）原來，榮耀上主不必然落在某些大事上，反而可以在日常生活中發生。我們對這理解並不陌生，但實際上，我們卻傾向只將大事聯上榮耀上主。例如，我們會覺得短宣、新教堂落成和在葛福臨佈道大會中有人信主等等為榮耀上主。然而，我們不太留意日常生活的吃和喝也參與榮耀上主。坦白說，在日常生活榮耀上主比在某些大型活動榮耀上主更艱難，因為前者不容易刻意做出來，但後者卻可以。當榮耀上主可以透過我們吃飯和飲酒表達出來的話，我們就無需過分高舉某些行為是榮耀上主的典範。好好與自己家人吃一頓飯，與朋友好好喝一瓶酒等等，也可以榮耀上主。因此，我開始接受上主沒有需要特別要保守那些為葛福臨佈道大會工作的人員，也沒有需要特別關愛在外地的宣教同工。縱使他們的危險比我們以吃和喝榮耀上主的人為大，但上主的保守不是因他們的行為更榮耀上主，而是因為他們是上主的兒女。

當悲劇會發生在吃與喝的信徒身上，我也會接受悲劇也可降在宣教士、牧師和熱心事奉上主的人身上。如在日常生活上所遇上沒有解釋的悲劇，發生在我朋友身上的悲劇也沒有解釋。我沒有以他更愛和更榮耀上主為由與上主爭辯，而是接受生命的不可預計性，求上主接收他的靈魂。

朋友的意外讓我明白生命是使命。然而，這使命不必然是一個要完成任務，更可以好好地吃和好好地喝。可惜的是，教會對榮耀上主的理解卻出現三種偏頗。第一，將榮耀上主分為等級；第二，將榮耀上主與成就掛鉤；第三，將榮耀上主等同某些行為表現。結果，榮耀上主與好大喜功沒有太大分別。強調日常生活的重要，就是拒絕榮耀上主成為意識形態。

下星期，我將要到緬甸去。我求上主保守，不是因為我做的事有好的評級，而是因為我靠著上主恩典而活。

讀完神學可以做甚麼？

讀完神學可以做甚麼？最直接的工作是當教會傳道人。十多年前，有一位弟兄當了傳道人四年就不幹了。他曾寄信給我（那時，還沒有電郵），分享他的掙扎。他説：「我不當傳道人不是因為我貪愛世界，而是因為我有另外領受。可惜的是，這不是教會可以接受的。事實上，每個晚上，我不斷夢見院長對我責備。」當傳道人要有很大勇氣；同樣，離開這行也要有很大勇氣。

除了在教會做傳道人外，讀完神學可以在不同基督教機構工作。表面看來，選擇頂多，因為香港有很多不同類型基督教機構。但實際情況並不如此，因為神學訓練並不代表一個人可以當編輯，也不保證一個人可以搞社運。簡單來説，選擇在基督教機構工作，只是不在教會當傳道人的傳道人。

在丹麥期間，有一位在商界工作的朋友向我説：「近年來，很多丹麥公司都聘請接受神學訓練的人，因為有神學知識的人可以讓他們更意識不同地區文化宗教生活，而這一切是做生意的必須。」雖然商業對神學知識的興趣只是基於商業因素，但對神學生來説，這是一個很不錯的出路。這事讓我有兩個反省。

第一，我們如何理解神學訓練？當神學只被視為傳福音和只為教會服務，而缺乏對教育和社會的責任時，神學訓練的設計就不會考慮其教育功能，也談不上對其他宗教文化的認識和欣賞。或許，有人批評以上的看法，因為這混淆神學與宗教學。神學與宗教學並非一樣，但並不完全對立。相反，宗教學的研究有助神學研究，反之亦然。例如，宗教學對神聖的理解，讓我對基督教所講的神聖有更闊的體會；而神學對神聖的反省，使我對宗教學所說的神聖存在一定的批判。

第二，若有神學訓練的人可以進入教會及其所屬機構以外的工作時，這正代表神學被公平對待。一方面，神學知識不是只在教會場景才有意義，更可參與社會生活。縱使以上例子是基於商業考慮，這又如何？因為神學並非不吃人間煙火。難道為商業社會服務的法律、會計和語文等等就失去其本身價值嗎？絕對不會。另一方面，當神學可以進入商業社會時，神學更有可能發揮其價值指引角色。誰說一個人力資源部的僱員不可當上行政總裁？這是一種從商業掙扎出來的職場神學，而非只是旁觀者的職場神學。

年前，曾與一些朋友探討「駐企業的神學家」的可能性，但奈何各有各忙，沒有好好將它實踐出來。今次丹麥一行，使我更有衝動找那些基督徒老闆出來，一起思考創造商業職位給讀完神學的人之可行性。

生活

一份不知從何而來的衝動，使我想要放「安息年」。就這樣我就向學院申請，並得同事們願意分擔工作，我將於在二〇〇九年一月至六月休假。友人問我有甚麼計劃，例如：要到甚麼地方去、要做甚麼研究，和家人是否與我一起等等。我有計劃到非洲喀麥隆教神學、每月出埠一次往世界各地探朋友、在一間大學做研究、修讀一些興趣課程（例如：旅遊與款待、維修水電）等等。坦白說，到今日，我還沒有甚麼具體安排，一切還是待決。

我有一位朋友，他的工作與休息時間之安排更令人羡慕。他計劃每工作三個月就放假兩個星期（到今日，他有很不錯的實踐）。當然，他可以這樣安排跟他的工作性質和工作職級有密切關係。然而，他總是向人說：「不要忘記我已工作廿多年，不要妒忌。」雖是如此，但不是所有工作二、三十年的人都可以有這樣生活。又為何要工作這麼久才可以有這樣生活？那時，我還有命享嗎？說到底，生活可以不要待工作完成後才可以想像的嗎？這是經濟問題還是生活問題？

二、三十年前，老師這行業給人的印象是假期多。跟學生一樣，他們一年有接近九十日假期。聖誕節、新年、復活節和暑假等等，往往都是老師旅遊的日子。我從沒有妒忌他們有這麼多假期，因為沒有生活，工作就沒有意義。但不知到了甚麼時候，以上的生活再不可以在老師身上找到。不但學生假期不等於老師假期，更是連自己的年假也沒有了。若老師的假期已被剝奪時，我們可以想像其他工作的形勢更嚴峻。有一位朋友要工作到零時才可離開公司，而她應有的年假也要配合公司業務。換句話說，有假期也可以無得放。

說來奇怪，外資公司（尤其是歐洲）的運作卻不是如此，例如他們會相對地準時下班。此外，他們視七、八月為暑假。在那時，眾人排隊放假，而工作步伐也慢下來。看來，他們視工作只是生活一部分。不知要到甚麼時候，我們的社會才會認真對待生活，讓人可以有他自己的生活。五天工作是第一步，盼望這步是整體社會的第一步。第二步可能是積極推廣job-sharing，讓人在工作中可以更有彈性。

說回來，聖經除了吩咐有安息日外，也吩咐有安息年（利廿五1-7）。因為要付出的經濟代價太大了，所以，安息年比安息日更難落實。然而，當二十多年前，教會在沒有可能下仍推動禧年免債行動時，我也盼望教會繼承傳統為打工一族推動安息年運動。

信任的友誼

相遇不一定可以讓雙方成為朋友，因為沒有臭味相投的話，友誼只會很普通，談不上深交。雖然見面時，大家都似乎很投入交談，但這只是一種寒喧，一種為了不要冷場的熱鬧。若不是，也可能只是一種資訊交換，沒有心靈交流。當然，我們不需對所有人際關係都要有很高要求，因為我們根本不可能長期承擔這樣深入的人際關係。因此，我不但不介意這種表面友誼，也會參與其中。

近年來，我卻看見很多曾是好朋友的人因著意見不同，彼此不相往來。若有朋友為了自己的利益而出賣朋友，我們不需為割蓆感到難過，但若因對政治、道德和教義等等不同的理解而導致割蓆，這實在可惜。當然，若朋友是臭味相投的話，不同意見肯定疏離彼此關係，但不等於彼此就不可繼續以朋友相待。若真的不可以，這不一定反映我們相距甚遠，而是我們的友誼不夠深入。

友誼不夠深入，反映我們對彼此的信任不夠。所謂信任，就是對對方人格的信任。例如，昔日曾與我們共同追求社會公義的朋友，但今日，我們各自對教義或個別議題有不同看法。因著信任，我們的不同並不代表任何一方已放棄對社會公義的追求。我們只是對社會公義有不同的詮釋。這不同的詮釋使我們不容易合作，但不需因此就成為敵人。在這事上不可以合作，但在其他事上還可以呢！為何我們將彼此的不同放得如此大，以致看不見彼此的共同性？信任使我們沒有懷疑對方的人格。又縱使對方所做的事與我們對他的期望甚遠，他仍是昔日的他。説回來，人是否沒有改變？是否不會墮落？不是。但若他願意解釋或還未有機會解釋，我選擇相信他和信任他（縱使我不接受他的解釋）。

還有一種不信任，就是不願意接受以偏概全的事實。我們不可能對人有全面的認識，但在有限，甚至不完整的認識下，我們也可以建立對他一定程度的信任。例如，透過閱讀或觀看電視，我認識某某作者或藝人，並被他的文章或演技深深吸引。縱使沒有與他有很深入的交流，但多年閱讀或觀看他的作品，已使我對他有一定程度的認識，甚至視他為朋友。縱使這種認識很單向和單一，但這認識並不必然虛假。然而，當他今日的表現有別於昔日的表現時，我們會批評他為虛偽者，還是因信任而仍然相信他的真誠？當然，虛偽是可以發生的。但若他願意解釋，我們可否給他機會，不是以質疑的態度，而是以信任的態度呢？

以上所講的信任似乎是一種盲信，因為感性決定理性。或許，這正是友誼之道，以致割蓆真的要發生時，這也是很感性的。

讓生命可以貢獻

貧窮人往往被責怪。例如，為何貧窮仍生這麼多孩子。批評者説：「貧窮人要為他們跨代貧窮負責任。」反駁者説：「生育是人權。難道富有人才可以有這權利嗎？」批評者諷刺地答：「或許，貧窮使人沒有甚麼事可以做，所以，他們多了很多時間做愛。」當仍為著貧窮人的責任和權利爭辯時，一位神父説：「生命的本質是貢獻。貧窮人知道他們對社會沒有甚麼貢獻，但可以有的貢獻就是為社會帶來多一個生命。」然而，批評者理直氣壯地回應：「這是貢獻還是負荷？」説回來，貧窮人是否有這位神父的想法？有這樣想法的人可能不太多，但神父的詮釋卻將貧窮從倖存層面帶向存在層面。意即，人不只追求倖存，更追求價值。富有人如是，貧窮人如是。貧窮人沒有如富有人有這麼多經濟條件貢獻，但沒有因此，貧窮人就被剝奪其貢獻。或許，當貢獻是生命的本質，人不會沒有貢獻。問題只是我們不接受某些貢獻（例如生育）是貢獻。

這一年，我有機會跑到印尼和菲律賓等地去。工作之一就是探訪和評核當地神學院。除了探訪一些設在首都和大城市的神學院外，我還有機會跑到偏遠的地區去。這些偏遠地區神學院的學生主要來自周遭的少數部落和地區。他們絕大部分都來自貧窮家庭，主要倚靠神學院和教會提供的獎學金。或許，我們會好奇地問：「是否因免費，他們選擇讀神學（他們大部分只有十七、八歲）？」縱使如此，這又如何呢？除了因為神學教育不只為教牧傳道而設外，讀神學更可被視為他們尋求貢獻的過程。不論他們是否利用教會的資源，他們都是努力在他們的環境為自己找出生命的貢獻。然而，可以接受神學教育的已是很不錯了，因為有很多家庭仍需要他們的經濟支持。當然，留在家裡和為家庭需要工作絕對是一種貢獻（我們的父母都是這樣），但若不是貧窮的話，他們更可以有不同的貢獻。這樣說法並不牽涉高與低，只關乎可能性。

於我來說，貧窮對人最大的傷害就是否定生命是貢獻（連生育也要受批評）。一方面，貧窮使貧窮人停留在被幫助者層面。最後，貧窮人和幫助者沒有意識到貧窮人的生命是貢獻。另一方面，貧窮限制人的可能。例如，他本應有音樂天分，但貧窮使他沒有機會被培育。損失的不僅是他本人，更是我們的社會。若貢獻是生命的本質，被剝奪貢獻是對生命的扭曲。當從這角度來看慈惠時，幫助貧窮人不只因為他們沒有得吃、沒有得穿和沒有得住，更因為要讓這生命可以活出他的本質，就是貢獻。

甚麼將我們連在一起

是甚麼將我們基督徒連在一起？我認為是因聖父藉聖靈在耶穌基督裡的救贖。這信念不只關乎教義，更屬於經驗和實踐，因為我們確實經歷被上主救贖帶來生命的轉化。然而，當下仍有很多教會和信徒並不滿足於以上對信仰的理解。

在教義層面，不滿足者加上很多補充。例如，他們認為不接受亞當和夏娃的歷史性就不是基督徒。此外，他們也認為不接受聖經是上主默示的就不是基督徒。查實，這些所謂補充只是某一種對聖經的詮釋。意即，一個不接受亞當和夏娃歷史性的信徒，並不會因此就不接受因聖父藉聖靈在耶穌基督裡的救贖。原來，這一切所謂的補充並沒有補充，反而收窄了信仰的寬度。結果是，愈來愈少人可以被這些補充者接受為基督徒。與此同時，福音派和自由派等等標籤應運而生。然而，這些標籤使我們分離多於結連。説回來，若基督徒身分需要被界定，我們對教義的理解應停在哪裡？我會停在大公教會信經上，分別為《使徒信經》、《尼西亞信經》和《亞他拿修信經》。要留心，這些信經沒有説明上主如何創造，也沒有交代亞當和夏娃的歷史性。

除了在教義層面外，不滿足者對信徒生活也提出若干的補充。如起初所説，基督教信仰不只關乎教義，更屬於生活。因此，我們很難接受一個對教義有很正確理解，但對人沒有愛心和憐憫（甚至對人殘暴）的信徒為基督徒。然而，甚麼樣的信徒生活才是基督徒信仰的表述？我認為我們較適合提出一些很籠統的原則（例如愛與公義），而不適合提出很仔細的實踐，因為生活受不同文化和處境影響。更重要的，是基督教信仰的核心是恩典與寬恕。可惜的是很多人看上主的恩典與寬恕仍走不出道德主義，以致上主的恩典與寬恕變得有條件性。聖潔也變成只有倫理的意涵，而沒有本體的意思。以上所說的，不是讓人更有藉口犯罪，而是在接受信仰與生活的不可分割下，容許討論和成長空間。

當道德主義佔據信仰生活時，另有不滿足者提出：以道德操守來界定信徒的真偽並不反映他們就是信徒，因為沒有屬靈經驗，他們就只是沒有靈命的道德主義者。何謂屬靈經驗？有時，他們以說方言來界定，但有時卻以被聖靈擊倒來界定。屬靈經驗不完全受教義與道德生活決定，而是聖靈自由地行動。有趣的是，當道德主義信徒以道德生活將某些信徒劃進圈內（真信徒）時，他們卻被強調屬靈經驗者看為圈外人。這或許解釋了福音派教會對靈恩教會的不滿。

不斷對信仰的補充使基督徒之間不容易結連，因為這些補充多屬於限制。或許，這解釋了為何我傾向接受基督徒是那些因聖父藉聖靈在耶穌基督裡救贖的人。

合一

縱使不同教會分享同一個信仰，但教會彼此間的合一似乎遙不可及。有人認為合一不應只從制度著眼，反可從事工考慮。若以後者的標準來看，教會的記錄並不太差。然而，我對於以事工合作來理解教會合一的思維始終有所保留，因為事工合作並沒有牽涉太多對信仰理解的衝突（例如，沒有教會會以信仰理由反對佈道會和扶貧運動）。更重要是，事工合作並沒有動搖參與的教會在其宗派和信徒中的權力。相反，有關教牧更可從中建立其領導地位。所以，我認為事工合作所表達的合一是表面的。當然，我不否定事工合作可能成為日後合一的基礎，但這在乎合作者的動機和對權力的依戀了。

至於制度上的合一是否一件好事？它會否走向獨裁？會否成為官僚？會否成為殖民活動？這一切絕對有可能，但不因此，各自獨立的現狀就可以避免官僚和獨裁。宗派有其官僚與獨裁作風，單一堂會也不例外。例如，有教會（宗派和堂會）自己辦神學院，牧師按立也不受監管。若獨立教會可以透過合作的機制防止其自大的話，制度的合一何嘗不可以透過合適機制來制衡其官僚和獨裁傾向呢！說到底，問題不是制度合一是否比各自獨立差，而是人對權力的依戀和自以為對真理的掌握，使教會合不來。

據我有限的認識，我目睹教會分裂多於教會結合；目睹很多只掛名的合一事工，但沒有實質合作（甚至內裡彼此踐踏）；目睹有自稱為純正的教會和其附屬「神學院」，但沒有謙卑和欣賞上主創造的心靈。又縱使教會真的願意彼此合作，排名仍是重要，面子仍是要給，利益仍要計較。或許，這是人性的軟弱。制度合一並沒有排除以上的困難，但它迫使我們面對權力的誘惑和對異己的偏見，而不是用事工合一來掩飾內心的虛偽。

說回來，華人教會不是沒有制度合一的個案。中華基督教會就是一個例子。但中華基督教會的會友有多少個知道這歷史？又有多少個中華基督教會教牧同工秉承這傳統？在商業世界裡，企業合併常常發生。他們沒有甚麼合一理念，只有利益。看來，金錢比合一的神學更容易使人走在一起。那麼，今日以事工為主的合一運動跟商業世界也差不多，因為它不關心合一的神學，只關心合一的利益。

聖靈的充滿與充權

充權（empowerment）是一個社會學的理念，描述貧窮者（或弱勢群體）從受害人的身分轉換為社會改革的媒體，並推動貧窮者（或弱勢群體）參與政治和社會抗爭以維護他們的利益。基督教信仰對此並不陌生，因為這是我們對聖靈的經驗。第一，聖靈將我們從綑綁中解放出來，並得著自由。因為哪處有上主的靈，那裡就有自由（林後三17）。事實上，耶穌對祂的使命也是如此的描述：「主的靈在我身上，因為祂用膏膏我，叫我傳福音給貧窮的人；差遣我報告：被擄的得釋放，瞎眼的得看見，叫那受壓制的得自由，報告上主悅納人的禧年。」（路四18-19）祂並以此作為基礎回應施洗約翰對祂身分的查問（路七18-23）。此外，就著五旬節經歷一事，彼得引用約珥書來詮釋聖靈降臨的意思（徒二7-18）。按著所引用的約珥書，其中要說明聖靈的澆灌是打破人與人的隔膜，並見證上主救贖已臨到世上。按這理解，聖靈使我們充權就是將我們從罪（疏離狀態）中解放出來，以致可以享受真自由。

第二，聖靈使我們在耶穌基督與上主的聯合中有份，以致耶穌基督的父也成為我們的父（羅八15；加四6）。這是一種新關係的建立。然而，這份關係不限於個人與上主的關係上，還因這關係伸延至人與人，人與萬物的關係上。事實上，三一上主不僅與人類建立團契關係，更與大地建立這關係。一方面，因著與上主關係的建立，我們肯定自己是上主的兒女，並分享祂的生命（彼後一4）。不論如何被標籤和排斥，我們是上主兒女的身分沒有改變。這份自信對弱勢群體來得重要。另一方面，因被聖靈充權，以致受欺壓者有勇氣站起來，參與上主對社會團契的塑造。

第三，聖靈賜予我們恩賜（charisma），讓我們可以實現上主對我們各人生命的呼召（林前七17）。這呼召不只是關乎心理學對人的理解，更是讓人有化為神的力量（這是正教會對 *theosis* 的理解）。恩賜肯定每一個人都不一樣，所以，每一個人都有不同恩賜。雖是如此，但恩賜是要讓不同的人可以彼此服事，見證上主的國。從此來看，聖靈的恩賜有兩種特質。第一，對多元的尊重。相反，沒有或不尊重多元只會將恩賜約化。今日弱勢群體的出現和被邊緣化，正是社會走向某種單一化的結果。第二，恩賜不必然是超自然的，反而可以以自然的形式出現。例如，教育和再培訓可以被理解為恩賜。

對於聖靈工作較為敏銳的教會，是否可考慮從生活不同層次和充權理念來理解聖靈的工作，而不滿足於舉辦靈恩訓練班、綑綁撒但祈禱會、耶穌巡行等活動呢？

創造財富

基督徒多從分配財富的角度來討論經濟課題。相對地，基督徒對創造財富就少有討論。所以，對此的專書討論甚少。基督徒很快就將創造財富與貪愛財富連起來，以致他們認為專心創造財富最終會導致人離開上帝。我無意就以上觀點作出裁決，但沒有創造財富就很難談得上分配財富。

有批評者指出創造財富者只是從剝削別人的財富而來，所以，分配財富不是從創造財富而來，反而從不創造財富開始。縱使批評者的批評不是無中生有，但創造財富的創富不必然是剝削的結果。創造財富者可以很公道賺大錢。話說回來，賺大錢可以很公道嗎？公道的人就會賺大錢嗎？

坦白說，基督徒對經濟和商業課題的討論比較少，因為基督徒知道很多賺大錢的基督徒都不是很公道的人。然而，基督徒又不願意在這課題上與商業「妥協」。結果，基督徒只好選擇就分享財富多說話，而對創造財富卻少發言。同時，賺大錢的基督徒只好靜靜地賺錢，少有神學反省。

如何以基督教信仰原則創造財富？問題不是基督教信仰原則，因為有哪些人不知道原則呢！若基督教信仰要影響商業世界，信仰就不可能只在商業世界外圍指指點點，而需要投入商業世界與它糾纏。若神學要投入商業世界，它需要有以下的準備：

第一，習慣以是非黑白思考的基督教倫理原則需要作出基本的調節。這不等於說我們不談是非，而是是非受不同場景和不同目的所影響，可以作出轉變。事實上，商業世界的運作並非一種線形思考，而是以曲線，甚至斷線形式出現。因此，不願意放下是非黑白思維不可能投入商業世界。「好心可以做壞事」和「壞心可以做好事」是商業世界中常發生的事。

第二，我們要接受現實世界的不完美性，而需要以更創意，甚至更冒險的方法參與商業世界。例如，有人認為好酒不用多宣傳，但現實上，在資訊爆炸的時代，不考慮宣傳將被淘汰，因為沒有太多人有時間自己尋找和過濾知識。當然，這說法並非贊同一切的宣傳手法。

第三，商業世界的複雜性在於它不只限於商業活動，更包括法制、文化和環保等等。過分對商業活動的控制，文化道德系統就沒有機會自主地建立。當然，若商業世界沒有任何指引的話，它可以壟斷市場，控制人民生活。因此，某些邪惡也需要讓它存在。

自我醒覺

「甚麼是宗教的核心？」不同人和不同場景會有很不同的回覆。在一個討論國際秩序的研討會中，我回應：「宗教的核心是讓人醒覺，認識自己和別人不是上主，和認識生命的召命。」表面看來，以醒覺界定宗教是來自佛陀，但以認識自己和別人不是上主來界定醒覺，卻是很基督教的理解。至於召命這部分，我相信很多宗教都會認同。以上的解釋並不是一種混合宗教的結果，而是有基督教身分，但又跨越基督教本身的限制。

認識自己和別人不是上主的重要，在於有太多人（宗教和非宗教）看自己為上帝或上帝行動的執行者，而作威作福，侵蝕人的生命。例如，有宗教人（基督教和非基督教宗教）看自己的宗教職分和對上主啟示的解釋是上帝直接賦予，不受個人影響，更不受別人監管，以致他們的自我醒覺能力特別薄弱。他們從不質疑自己的身分和所解釋的，因為質疑者被解釋為信心軟弱。理性討論對他們沒有多大意義。當然，批評者並不等於他的批評就是對，質疑並不等於就是理性。然而，我們不可避免偏見。又縱使經歷改變的偏見可能只是另一種偏見，但經過反思與批判的第二層偏見，總比沒有經過反思與批判的第一層偏見好。

宗教人是否比非宗教人更橫蠻，更缺乏自我醒覺？我並不認為如此。例如，有很多非宗教人對消費文化毫無醒覺。然而，當宗教關乎醒覺時，我對宗教人的要求就相對地提高了。可惜的是，很多宗教人的自我醒覺仍相對地偏低。他們似乎不願運用理性，更不懂人情世故。他們只懂執著一堆冷冰冰的教義與原則到處搞事。當他以為他的被拒絕是為真理緣故時，查實，他的殉道源自無知，甚至並無需要——說回來，這是我對宗教錯誤的界定，還是宗教錯誤地被運用？

自我醒覺不只屬於頭腦的活動，更關乎如何去生活。後者關乎生命的召命。所謂生命的召命並非關乎一種狹隘的職業觀念，而是關乎宏觀的生命意義。因此，呼召做傳道者與否非我所關心，呼召做這份工與否非我的關注。當一個人認識他的生命意義，並回應這份呼召時，他做甚麼工作變成次要了。相反，將呼召等同某一職業時，一種特殊階層將會漸漸形成。對基督徒來說，認識生命的召命，就是透過與不同地區基督徒和非基督徒的謙卑相遇，學習成為一個更忠於他傳統的更好基督徒。當這「更好」是可供討論和有待發掘時，生命的召命與醒覺就互相成全了。

沒有哀歌

我們社會對集體哀痛的處理方法很奇怪。除了清明節和重陽節外，我們社會似乎沒有集體哀悼的日子。坦白說，清明節和重陽節是個人性的集體多於集體性的個人。又縱使我們有重光紀念日（一九九七年後改為抗日戰爭勝利紀念日，現時又改為和平紀念日），但這紀念日對大部分香港人來說都是陌生的。難道我們的城市沒有經歷過集體哀痛嗎？

到今天為止，我對於社會就二〇〇三年「沙士」的事後處理仍耿耿於懷。接近三百人死亡，數以千計的人仍在艱難中生活，但我們社會卻沒有因此定下全城哀傷日，反而「沙士」過後，我們就大搞不同歡樂嘉年華，將歡笑和盼望帶回來。我知道過長的哀痛是不健康的，但過快的遺忘更不健康。我不是要不斷舊事重提，而是只有紀念哀傷，我們才可面對和承載哀痛。還好，我們還有每年的六四燭光晚會。在這晚，我們靜下來，紀念那些在哀傷的人，彼此安撫，承載生命中的沉重。哀痛後，再上路。

不習慣面對哀痛的香港社會，我們對周遭所發生哀傷的事缺乏敏銳和長期的關心。我們需要靠「大件事」（例如在天水圍發生的事）提醒和刺激我們。可惜的是，我們很快又忘記了，以致每一件「大件事」也視為新事。提出集體哀痛不是要再悲情地向傷口灑鹽，加重悲情，而是當下處理悲傷的方法太輕率，太簡化。

基督教信仰對悲痛並不陌生。從細讀詩篇，我們就經歷不同哀傷的故事。雖然詩篇的故事很個人，但實際上是群體的，因為詩篇是在聚會中誦讀的，我們共同分享一個人哀痛的經歷。詩篇是集體的哀痛。當然，詩篇不只有哀痛的詩，更有慶祝和快樂的詩。這正是生命的真諦，由哀歌與歡愉共同編織。可惜的是，我們的教會卻漸漸失去集體的哀歌。或許，有人會反駁說：「我們沒有失去哀歌，因為喪禮就是一例。」然而，這哀傷卻不是教會對城市的集體哀傷。我們的哀傷只是很個人和很教會。試想想，我們的教會曾幾何時有為緬甸的人民、愛滋病患者和低收入人士哀傷？我們沒有。又試想想，那些舉行文字主日的教會有否舉行人權主日，那些舉行差傳主日的教會有否舉行低收入人士主日？我們沒有，不但因為慶祝比哀傷容易處理，更因為我們已失去哀痛的言語。

在黑暗中，我看見光

對研究神學的人來說，奧斯威辛（Auschwitz）並不是一個陌生的名字，因為在奧斯威辛集中營那裡，死了一百多萬人，其中九成是猶太人。人類在苦難中，上主在哪裡？為何一個深受基督教影響的社會卻容許這事發生？猶太人的遇難是因他們的不濟，還是與基督教信仰中反猶太思想有關？為何人類竟如此殘暴？雖然面對奧斯威辛都會刺激人去問這些問題，但不是歐洲人的我，奧斯威辛的經歷始終有點遙遠。今年夏天，我特別跑到波蘭的奧士維斯（Oswiecim）集中營，去憑弔死難者和回憶這段令人不想回憶的歷史。

奧士維斯只是其中一個中型的集中營。在奧士維斯鄰近，有一個要比它大數倍的Birkenau集中營。在這歷史博物館裡，我沒有見到骷髏骨頭，但看見無數死難者的皮鞋、皮箱、承載毒氣的鐵罐和女性頭髮等等。這一切足以讓參觀者聯想起被殺害的人。在一個展覽廳中，它展示當時納粹德軍以不同識別將被囚者分類。除了敵軍和叛軍之外，猶太人有其特別標誌識別，耶和華見證人信徒和同性戀者也有。若說，基督徒願意因信仰而受迫害的話，耶和華見證人的歷史也見證這份殉道精神。我們要問的，不是耶和華見證人的殉道精神是否值得尊重，而是為何有政權要宗教人以殉道去經歷他們的信仰？更令人髮指的，莫過於同性戀者也要因他們的性傾向被下在監裡。

隨後，我參觀了以不同國家囚犯為主題的展覽廳。在此，我開始明白為何奧斯威辛成為全歐洲人的關注，但南京大屠殺卻得不到中國人以外的認識和關注，因為後者缺乏國際性，及在冷戰時代中國被邊緣化。不同地方的死竟然有如此不同的命運。又當今年八月三十日，東京高等法院駁回中國慰安婦要求日本政府謝罪及賠償的訴求要求外，我們就更明白為何寬恕和合作並不在亞洲發生，卻在歐洲發生了，因為侵略者的日本沒有徹底的認罪，沒有認真地問：「為何軍國主義在日本出現？」

當我繼續向前走時，我看見納粹德軍如何以毒氣殺害被囚者、如何以饑餓方式虐待被囚者、如何以實驗方式試驗被囚者，和如何以罰企方式傷害被囚者等等的場景。對曾受日本人侵略的中國人來說，我們對這些刑罰並不陌生。苦難將不同種族的我們連上，但人的野蠻卻不分種族存在。

在此，我想起聖經向我們說，「光照在黑暗裡」（約一5）。舉頭望著那烏雲密佈的天空，並被陣陣秋風包圍時，我肯定說：「我看見這光。」

沒有解釋，也沒有意義

一般來說，孩子的死使我們很難受，因為我們找不到一個稍具說服力的原因。

解釋不等於將困難解決，但解釋卻有反客為主的角色，以另類型式駕御困難。在解釋下，困難和痛苦並沒有自主性。

例如，有信徒說：「今日面對的困難是上主對人的磨煉。」這解釋有兩個含意。第一，困難沒有自主性可言，因為它在上主安排下；第二，困難並非沒有意義，它是對人的磨煉。這解釋是否屬實？我們不知道，但若當事人願意接受這看法時，他似乎有額外能力面對困難；相反，若他不接受這解釋而又被迫要接受的話，矛盾與苦惱就會加深。

說到底，人總渴望在他們的困難中找到解釋。基督徒如是，非基督徒如是。然而，問題的核心不只是基督徒的解釋是否勝於非基督徒的解釋，或在眾多基督徒解釋中哪一個解釋最正確，更是我們是否可以接受一些困難是解釋不了，甚至沒有意義可言。對很多基督徒來說，這是很難接受，不只是因為神學上不可以（全知的上主不可能不知道），更是因為他們不能接受一個對困難的因由解釋不了的上帝。

然而，人生卻充滿太多解釋不了的事情，有太多的事實在找不到背後的意義。

有人在失業過程中經歷失業帶來的積極意義（例如，失業是對他昔日自以為是的人生之磨煉），但有很多很多人在失業中找不到背後解釋。若說那些找不到解釋的人是沒有信心的話，我們倒不如問：我們的信仰是否可以容許解釋不了，但仍可成為他在荒謬中的支持？

又有人在癌症過程中經歷患病帶來的積極意義（例如，癌症對他信心的磨煉），但有很多很多人一點意義都找不到。若說那些抱怨的人是不肯順服的話，我們倒不如問：我們的信仰是否可以容納人的抱怨，但仍可以成為他在無奈中的支持？當解釋成為我們的信仰核心時，人對上主失去信心也來自這假設。若說他們的信心膚淺時，我們也要自問：我們一直宣講的信仰是一個甚麼樣的信仰？曾幾何時，我們曾聽過有人分享他的矛盾？曾幾何時，這樣的矛盾成為佈道會見證之一？傾斜的信仰，帶來傾斜的人生。

小孩子的死讓我對生活的無奈坦白承認，不去掩飾它或美化它。我可以持守我的信仰，不是因為找到苦難的緣由，而是因為苦難沒有改變上主的愛與恩典。上主的愛與恩典不是對苦難的解釋，而是對生命的支撐。

雙翼的教會

有別於天主教會，基督教教會並沒有一言堂。好處是每一個信徒皆可以自由發言，每一個牧師都是基督教的代表。百花齊放是基督教特色。例如，有基督徒反對就性傾向歧視立法，卻有基督徒支持，但他們全是基督徒。此外，信徒辦報（例如《時代論壇》）、辦神學院和辦教會也可以，不需教會批准。然而，所謂百花齊放又並不如想像般自由，因為基督教圈子內還要看人的面色。相處總離不開權力。至於百花齊放有甚麼壞處？壞處之一就是不容易給信徒和社會有一個聚焦。

天主教會的制度強調層級和教會秩序。制度內有教宗、樞機、教區的主教和神父等等。教宗的聲音代表天主教會的立場，而主教是教區內的發言人。縱使有天主教徒可能對教宗或主教的立場持不同的看法，他們的聲音並沒有發展成為抗衡體制以外的另一種聲音。又縱可能會有，他可能已被驅逐離教（例如，Hans Küng、Leonardo Boff等）。以香港為例，雖然《公教報》的讀者心聲一欄有不少來信表達對陳日君主教的政治態度不認同，但這些聲音不會構成天主教會以外的論述。然而，它的弱點正是它的優點。一方面，這制度有助天主教會繼承了其傳統；另一方面，教宗和主教成為信徒和社會的聚焦。所以，縱使有基督教牧師反對政改方案，但傳媒卻集中報道陳日君主教。

要同時將基督教會和天主教會的優點集於一身似乎並不可行，不但因為沒有一個制度（包括教會）是完美的，更因為這結合可能會製造新的問題。因此，基督教會與天主教會彼此配合成為一個很重要的考慮（這並不排除與正教會和其他教會的關係）。然而，配合牽涉三個基本課題。

第一，在體制上，天主教會如何看待基督教會？看它為姊妹（如對待正教會）還是分離者？另一方面，基督教會如何看待天主教會？看天主教會為它的歷史淵源還是頑固的制度？

第二，基督徒是否願意看陳主教為自己人還是當他是外人？是否看中梵關係只屬於天主教會的事，與我何干？另一方面，天主教徒是否願意關心和參與基督教會的事工，成為它的支持者？

第三，在聖經運用上，是否可以有一本共同的譯本？事實上，當彼此都沒有一種共同言語時，對對方陌生的感覺似乎已無可避免。

雖然困難重重，但合作已慢慢開始了。

社會企業與教會機構

近一年來，政府大力推動社會企業，希望藉此改變企業文化，並為有需要者提供更多元的支持。但另一邊廂，我們卻看見政府遲遲不願意就社會服務組織一筆過撥款一事作出檢討。這矛盾代表甚麼？我認為政府不願意社會服務組織只向政府攤開手掌索錢，而自己不為自己生存負責任。所以，政府寧願額外撥款支持不同社會企業計劃，而拖延檢討現行撥款機制。從商業角度來看，這是可理解的，不但因為長貧難顧，更因為這是問責的表現（即為自己生存負責任）。從社會角度來看，這是一種社會資本的建立，因為接受服務者不再是被動者，更是參與者和持份者。雖是如此，但是否一切社會服務都可以成為某種社會企業？究竟社會企業會否成為政府另一種卸責的藉口？這是政府沒有回答的。

至於教會，它可以如何理解和運用社會企業的觀念？教會本身就是某種社會企業。雖然它沒有做生意，也沒有製造很多就業機會，但實際上，它是透過對會友的投資（或培育）來建立它的資本（包括經濟），並運用這些賺取的資本推廣它的理念。至於教會機構又如何？教會機構比教會可能更似社會企業，因為他們可以從產品銷售帶來收入，但不以利潤為最高目的，反而將利潤投放在服務者需要上。這樣的教會機構普遍嗎？

我們要承認有些教會機構可以在財政上自給自足，但有一些不可以。然而，問題不在於經濟能力，而在於不同性質的服務。例如，教會機構的旅行社應該可以成為社會企業，甚至教會機構的影音業應是如此。若賺不到一定收入的話（不需要100%），倒不如不做。相反，某些服務（例如：照顧新移民、爭取社會公義）就需要教會經濟支持。可惜的是，教會在這事上多顛倒了。

此外，教會對奉獻的理解也影響教會機構對社會企業的理解。第一，有教會機構已習慣地接受援助（奉獻），從沒有考慮製造某些財富，支持自己的工作。結果，我們只看見不斷的奉獻呼籲。第二，有某些教會機構本可以製造財富，但不願意這樣做，因為他們恐怕因而減少教會對他們的支持。他們的理由是，「財富在哪裡，心就在那裡。」這有它的道理，但可以更多財政自主不等於所獲的支持減少。我擔心的是，教會機構只懂用錢，不懂賺錢。在此，我不是說，所有教會機構都要轉型為社會企業，而是教會機構不妨可以在這方面想一想。教會可否像政府一樣向他們提供開辦費？

公共神學中的公共

在西方社會，基督教被邊緣化已是鐵一般的事實。例如，在二〇〇七年九月初，我出席在加拿大麥驕大學（McGill）舉行「上帝、政治與多元主義」學術研討會。研討會目的之一就是探索基督宗教如何參與公共領域。言下之意正是基督宗教已逐漸被公共領域排斥，以致這研討會需要就基督宗教角色重新定位。

此外，在英國的朋友也告訴我，前英國牛津大學校長提議，牛津大學應與其連繫的神學院脱鉤，因為他（包括其所屬委員會）認為神學院的神學教育並不符合大學教育精神。當然，這沒有影響大學裡神學學系的存在（查實，很多英國大學的神學學系已轉為宗教學與神學學系）。若這前任校長的看法被廣泛接納，神學院將會被私人化，與公共教育分割。

説回來，這些現象只可能説明基督宗教在西方社會的角色逐漸地和刻意地被淡化，但並不等同西方社會對宗教已沒有興趣。相反，在書店，我們可以找到不同有關靈性的書（但不是基督宗教）。此外，東方宗教和伊斯蘭教更成為很多同學在大學修讀的課程。從此看來，世俗化只是不同宗教在社會角色轉移而已。當然，對於習慣主導地位的基督宗教就顯得不習慣。相反，若你是非基督宗教的宗教人的話，你可能會歡迎西方社會的趨勢。又若你所屬的教會從來就被邊緣化或選擇以另類社群形式出現的話（例如門諾會），基督宗教被邊緣化對你的影響可能不大。

以上的情況是西方社會的景象。香港又如何？令我感到詫異的，有些基督徒學者和神學工作者竟直接地將西方的場景遷移於香港。例如，討論神學與公共理性和公共領域的關係等等。當然，這議題是值得討論。但這是當下香港教會所面對的問題嗎？意即，西方教會是在被邊緣化趨勢下開始討論這課題，但香港教會是否這樣？又西方教會討論的背景牽涉西方社會的文化與傳統，但香港教會的討論又是否如此？我的關注，不是香港教會應否以理性言語向公眾説明它的看法，而是教會應就香港社會的場景發展有自己特色的公共神學，絕不是複製或製造香港版的巴特、尼布爾、尤達等等的公共神學。

當下香港面對民主、貧富懸殊、中港關係等等課題，我深願那從事公共神學的同道不妨考慮以這些課題為基礎提出其神學反省，而不是仍討論一些很基礎的關注。例如，基督宗教對公眾議題討論的重要性、合理性和合法性。不是這些關注不重要，而是香港教會是以另類社群身分出現。

日常生活下的公共領域

近年來，教會興起探討基督教信仰如何可以更有效進入公共領域。其中一個看法，就是以理性將基督教信仰說明出來。所謂理性，就是普遍性、可理解性、適切性和可辯論性。這看法假設公共領域是一處讓參與者可以以理性就社會議題自由辯論，並按最佳論證為勝利的原則來表決。公共領域是否以理性為主？以理性來表述宗教的看法是否就可以減輕宗教沙文主義（chauvinism）和基要主義？或許，我的關心比這些關注更基本，就是我認為高舉理性辯論的公共領域是遠離人民生活的領域，因為它所用的言語不是人民俗世生活的言語。當教會以為以理性表述它的信仰就可以發揮對公共的貢獻時，它可能參與了一項反人民生活領域的行動。

公共領域所講的理性辯論，就是否定不屬於理性的辯論。表面看來，這是文明的生活，但實際上，它製造不文明。第一，理性是一種方法。換句話說，故事、音樂和活動等等不屬於命題式和議論式的表達，將不會被接受為一種參與公共領域的方法。然而，對於很多受壓迫者和弱勢者來說，命題式和議論式論述並非他們習慣的方式。在當下對公共領域的界定下，他們只可以找其他人代他們說話。否則，他們的看法就沒有可能成為公共議題了。弔詭的是，這做法使他們與自己疏離。第二，理性是一種內容。意即，在公共理性的大前提下，生活被分為私人與公共。私人的事不應在公共領域討論，公共領域不應有私人議題的辯論。例子之一，就是有人提出宗教與公共領域無關。我的關注不僅排斥宗教是否合理，更是人民日常生活的事被公共領域拒絕考慮。例如，社會不會去討論家庭主婦的保險金和退休福利等等，因為這是家庭的事，應由家庭成員負責，與社會無關。

我不排除理性的重要，但我質疑公共領域是否由理性決定。於我來說，公共領域是一處人民日常生活的地方，它在酒樓、街市和火車站等空間發生。此外，他們以各種溝通形式出現，並討論生活世界的事。公與私只有含混地分別，沒有具體的劃分。然而，在當下公共領域論述下，人民的日常生活變得抽象。我們聽不見有血有肉的故事，反只看見是數字和分析。我們看不見人民參與討論，反只看見政客彼此辯論。我們聽不見我們關心的生活議題，反只聽見原則討論。就此，我認為教會應更投入人民日常生活，在那裡提出議題，在那裡與人民溝通和接觸。當教會投入人民日常生活，它始發現信任比理性更基本，勸說比辯論更基本，感情比中立更基本。

參與社會模式

近年來，有心以基督徒身分或基督教價值參與社會論域的基督徒多起來。這絕對是一件好事。在其中，我觀察了數種模式。第一，就是相信基督教真理是真理，所以，持這觀點者積極以理性向公眾辯論，爭取社會認同。當然，持這態度者的類型可以很廣泛。例如，有人會以聖經作為他申辯理由；但也有人以理性，因為理性是上主所賜。表面看來，愈走向理性和愈少基督教詞彙較易被社會接受，但事實卻不是這樣，因為當打著基督教或基督徒牌子時，社會對你的言論就有所偏見。所以，在基督教圈子裡，那些特別從事非教會（狹義）事工的組織常為是否打出基督教有不同意見。我所指的打著基督教，不只是以基督教ｘｘｘ出現，更是縱使沒有基督教這幾個字時，它不介意別人知道它是基督教組織。以英國基督教救援組織為例，當中有Tear Fund、World Vision和Christian Aid等等。是否前兩者的籌款能力和服務範圍就比後者高？是否基督徒就要隱名而不可以像慈濟般以慈濟的名義進行救援？

若第一種模式嘗試以理性服人的話，第二種模式就是透過不同公開渠道表達他們的立場。以香港例子為例，就是舉辦不同大型祈禱會和登報等等。此外，第二種模式對政治議程並不熟悉，因為它相信當個別政府官員改變，社會政策就會改變。這解釋為何持這模式的人常常邀請政府高官出席他們的聚會，而甚少對個別政策表達意見。然而，近年來，我卻看見有一些跡象，他們當中有些人恃著有教會或信徒支持，直接參與社會建制。為了吸納他們背後所代表的基督教信徒數目，他們會被委任為不同組織成員。有別於第一種模式，第二種模式相對地強調個人能力。正因是個人，他沒有自覺需要向基督徒群體交代。

第三種模式就是有熱心基督徒希望從政，並成功從政。然而，他們對反對派、親政府或政府高官，會持有不同態度。舉個簡單例子，林瑞麟局長是基督徒。相對來說，他較願意出席基督徒舉辦就政制方案的研討會。這可能是他職責所在，又可能他希望得到基督徒群體的明白。可惜的是，每次他總是掃興地離開。當然，林先生明白政治是交易、權術和時勢，但他也知道這不是基督教價值。如何面對現實，又如何向教會，甚至上帝交代，成為這模式的人之掙扎。這也解釋為何很多基督徒政客對自己的身分沉默。

絕對倫理與責任倫理

縱使我們認為基督教信仰是有公共面向，但對於如何展現這公共面向，教會有很不同的看法。例如，面對一個達不到共識的課題時，教會是以討論和投票解決彼此的不同，還是選擇對該議題沉默？提出這例子的人多傾向教會選擇沉默，因為這可避免內部爭辯。再者，對社會議題的立場不是信仰的核心，所以，教會不應為這些事製造無謂的爭辯。結果，我們遇上很多肯定基督教信仰有公共面向的教會，但甚少教會就社會課題發聲和參與。

第一，人際相處就避不開衝突和矛盾。問題不是減少衝突和矛盾，而是學習如何處理衝突和矛盾。只有如此，人際關係才是真的成長。如何處理衝突牽涉個人的成長，包括理性、寬容、尊重和接受失敗。另一方面，合適的機制是需要的，以致可以減少衝突和矛盾帶來的震盪。所以，問題不是社會議題令教會分裂，而是我們選擇活在虛偽的和諧中。

第二，若相信人是上主形象的話，教會是否不應說：「種族隔離政策是錯誤？」若相信福音是向貧窮人宣講的話，教會是否不應說：「最低工資（甚至家庭工資）是對？」若相信生命是上主所賜的話，教會是否不應說：「暴力（包括死刑）是錯誤？」若後部分的話不屬於信仰的話，我們的信仰是空洞的。

然而，以上說法不是要將基督教信仰變為一套政治學。

按韋伯理解，宗教倫理屬於終極目的倫理，關乎道德絕對和無條件的責任。這與政治世界所講的責任倫理不同。政治世界是一個妥協的領域，和兩惡擇其輕的世界。延續馬丁路德的兩個國度，韋伯認為宗教領域與政治領域是不可混淆，他們有各自的系統和邏輯，不互相隸屬。雖是如此，但韋伯不因此而歡迎這分割，因為政治已剝削一切的終極意義。那麼，我們何來可以從政治領域中找到希望呢！韋伯沒有馬丁路德的信仰，所以不相信宗教領域和政治領域的矛盾可以有終極復和的可能。此外，他也不相信有人帶著上主的召命參與政治領域（雖是如此，但馬丁路德也支持政治家要按責任倫理來行事）。

教會的絕對倫理不是政治的責任倫理。教會倫理總是理想性的，但不因此，這就與政治領域沒有關係。因為它的理想性為一個只講現實的政治倫理製造張力。一方面，政治領域需要宗教倫理，以致政治領域是有盼望的。另一方面，宗教倫理需要政治倫理，以致教會所宣講的福音是有血有肉的。因教會相信政治與教會兩個國度都是上主呼召的，他們是有分別，但是聯合。

當下教會對回應社會課題的疑慮，是否它以韋伯的絕對倫理等神學上對教會絕對倫理的理解？

宗教相處之道

這一星期內，分別在不同場合與不同宗教人士合作和交流。目的只有一個，為宇宙創造多一點和平。宗教之間的不同沒有使耶佛兩教人士分開，反而在同一個場合下，以不同形式為緬甸求平安。這情景不是第一次在香港發生，但卻是第一次基督徒關心僧侶的安全，為他們的勇氣引以為榮。原來，宗教的相遇不一定要從討論誰真誰假開始，反而當他們將他者擺在前位時，他們看見彼此的共同多於分歧。對於在同一個場合，有牧師、法師、伊斯蘭教伊瑪目（*Iman*）和道士一起出席，我沒有得出滿天神佛的結論，反而看見一幅只有愛與祝福的圖像。事實上，服務、反省和謙卑等等皆是眾宗教高舉的價值。與宗教人志同道合者理應多是宗教人，但現實卻不是。甚麼使我們看不見對方是我們最適當的伙伴？

第二個場景，就是不同宗教人士與環保人士對話。期間，一位佛教代表說：「我們看其他宗教比我們的宗教更好。」基督徒可以說出這話嗎？我從沒有聽見牧師會這樣說。因為當他這樣說時，他可能已被吊銷牧師牌照了。說回來，為何說這話的僧人不皈依其他宗教？問這問題的人已不明白這僧人的說話。他的話是關乎心多於關乎理。事實上，我對其他宗教的欣賞沒有必然帶來我需要放棄我的基督徒身分，反而使我更多的悔改和反省。

第三個場景，就是出席系內印度宗教與文化教席設立的儀式。很多基督徒會認為基督徒不應出席支持這類異教活動。或許，有人會反駁說：「這是對宗教的學術研究，所以，我們不要將宣揚宗教與宗教研究混為一談。」說回來，這兩者可以全然分開嗎？我覺得我們毋須過分自我防範，反而應放開心懷，尊重其他宗教。我甚至希望，當我被按立牧師的一天（機會不大）會有其他宗教人士觀禮，為我做一個好牧師祝禱。當然，我也希望我能被邀請出席和見證一個法師的出家。

於我來說，以上對不同宗教的態度是一種與人相處應有的態度，而不是甚麼混合宗教。若連這種與人相處的態度也沒有時，宗教對生命的提升就很難令人說服。有基督徒很擔心地問：「我們還要傳福音嗎？」我會答：「傳福音只有戰勝其他宗教的意義，而沒有其他的內容嗎？」

給全球暖化的福音

面對全球暖化一事，我聯想起一個聖經故事。

該隱與他兄弟亞伯說話；二人正在田間。該隱起來打他兄弟亞伯，把他殺了。上主對該隱說：「你兄弟亞伯在哪裡？」他說：「我不知道！我豈是看守我兄弟的嗎？」上主說：「你做了甚麼事呢？你兄弟的血有聲音從地裡向我哀告。地開了口，從你手裡接受你兄弟的血。現在你必從這地受咒詛。即使你耕種，土地也不生產。你要成為流浪者，在地上到處流蕩。」（創四8-12）

若亞伯代表大地而該隱代表人類的話，這故事正描述人類對大地的暴力。亞伯之可以代表大地，因為大地代亞伯向上主哀告。大地的哀告，不但因為亞伯的死使大地失去其看守者，更因為大地對亞伯所承受的暴力感同身受。這是為何該隱最後也被大地厭棄。該隱的經驗似乎也是我們當下的經驗。人類多年來對大地的破壞已使大地已厭棄了我們。大地的陽光不再給我們溫暖，反而燒焦我們；海洋不再給我們生命，反而淹沒我們。

以該隱與亞伯的故事為例，人與大地的矛盾是因人沒有看守大地，反而傷害大地。試想想，不斷在中環的填海正霸佔海洋及住在其內的生物空間，垃圾不斷的增多正霸佔土地及它可以生長的空間。或許，有別於該隱，我們對大地的傷害不是有預謀的，而是無知的。但若已知道當下全球暖化的事實而又不主動改善對大地暴力的話，人的無知不再是無知，而是無賴。

悔改是當下我們最基本要做的事。悔改不但是承認對大地的傷害，更是以行動尊重它。例如：第一，減少賣樽裝水，而自備水樽；第二，盡量減少用私家車。若要用的話，要盡量座滿；第三，盡量減少用電量。每日要開八小時的冷氣減為七小時等等。目的不是為節儉，而是讓大地有它的空間。然而，個人悔改只是第一步，我們需要參與不同層次的社會行動，保護大地，迫使社會悔改。

坦白說，我體驗環保不只是一項對大地的活動，更是一項心靈改造的工程。環保要求我們走出自身以外，去認識他者和尊重他者。環保讓我們體驗生命世界的結連，而彼此倚賴。這一切豈不是靈性所要培養的生命嗎？我相信一個對大地有承擔的社會不需要花太多時間處理人際關係，因為當下我們的問題是太集中在自己身上，沒有他者。

我相信，在末日的日子，上主向我們問：「你的兄弟（大地）在哪裡？」多於「你帶領多少個人信主？」

向大地呼籲

當我們正關心全球暖化和反省人類對你（即大地）的責任時，你卻瘋狂地以暴風吹襲緬甸，和以地震撕裂四川。死者數以萬計，失去家園的更有數十萬。多年來與你建立的感情正受到嚴重考驗，因為你不是我們想像中那麼溫馴和照顧。相反，「天地無情」成為全球對你的指控。雖是如此，但我不願意接受天地無情的事實，因為這不是我所認識的你。此刻，我沒有興趣去辯論人應否在地震區和低窪地帶居住和建立社群，也沒有興趣去追究房子的穩固性，因為這一切理由都不足以解釋為何你要向他們怒吼。或許，地殼的搖動和暴風的追逐是你正常的活動，沒有甚麼可追究。雖是如此，但這也解釋不了為何你不可以小心點、放輕點。我不相信你的本性是要與人類作對，因為我們同是上主所創造，被吩咐彼此倚賴。所以，我向你呼喚，給救援人員有好的天氣進行拯救，也保護倖存者和仍等待拯救的人。

然而，我不能不向你坦白，被你無情或無意傷害的人真的忿怒了。在二〇〇八年五月十九日下午二時廿八分，我們為死難者默哀。我們以無言向你抗議、以眼淚向你指控。我們肅嚴站立，以響號向你宣戰，我們不會向你屈服。你聽見人民的忿怒嗎？你願為你所做的事作補救嗎？

對受你傷害的人來說，我沒有選擇不站在他們那邊，因為他們的遭遇打動了所有人的心。我相信你的心也會被他們打動。但為何你的反應是如此地緩慢？這不是我所認識的你。人類多年來對你的傷害和侵蝕，你還是為著我們的著想，沒有反抗，只有靜靜地忍下去。直到近三十年，你終於捱不了而發病。這一切經歷使我不相信你對人當下的遭遇是無情。昔日，你為了亞伯被殺一事，接收了他，並代他向上主呼救，懲罰殺人的該隱。今天，你這份公義和這份慈悲去了哪裡？難道你有難言之隱嗎？

我不得不承認，我跟你的關係正陷於低潮。我甚至要跟你絕交。願使萬物和好的上主在我們中間判決，並修補我們彼此的猜疑。

上主會有所行動嗎?

四川地震和近日的水災總使人問:「上主是否聽我們禱告?」「我們的禱告是否可以感動上主出手相助?」然而,不論我們禱告多久,四川的餘震仍繼續,洪水沒有減退。我們的禱告似乎沒有功用。但若上主是自由的上主,而我們不應吩咐或要求祂做甚麼事的話,為何我們要搞各式各樣禱告會?難道我們只滿足自己被改變?坦白說,我禱告最基本的動機,就是期望求上主出手相助。

對上主來說,出手創造新的環境秩序並非不可能。昔日,祂也是如此創造天地。弔詭的是,祂的創造也成為對祂的限制。在尊重人的自由下,上主不會隨便改變世界秩序,因為祂渴望人是自由地跟祂建立團契關係。事實上,聖子的降生也是以最微不足道和最維護人的自由下而出生和成長。然而,聖子的降生卻說明上主是參與人類世界的事,而聖子的復活更是違反世界的秩序。那麼,在甚麼事情上,上主選擇按世界秩序而行?又在甚麼事情上,上主不按世界秩序?表面看來,上主的行動是按祂自由而決定,但查實,上主的自由也受人的自由所限。因此,我傾向理解上主的行動是隱藏和含糊,以致我不會只將不可解釋的事才看為上主的行動。平安的日子,甚至困難的日子也與上主的恩典有關。

以上對人自由的肯定,或許將人過於高舉,因為人的自由竟可以限制上主。但上主卻看重人那愛的自由，多於人遠離上主的自由。所以，上主冒險地創造，也帶著冒險讓人自由地行動。冒險暗示上主並非如我們認為祂可以控制世界。另一方面，冒險暗示上主有空間受人影響祂的行動，甚至計劃。至於後者，人的信心就變得重要，不是因為信心就可以改變一切，而是因為信心是對上主的邀請，讓上主行動。雖是如此，但上主的行動仍在對人的自由（不只是個人）不操縱下行使。

基於此，我沒有改變我對禱告基本的理解，就是希望上主改變環境。但我也接受這世界並非上主可以完全控制，因為祂對人的愛使祂自由地受限制。我不可能清楚知道上主做了甚麼行動。雖是如此，但我相信那愛我到底的上主仍是愛我，甚至這愛將我帶入苦難中，因為這愛在耶穌身上顯明了。

新興宗教的啟迪

從近期對有關新興宗教研究之閱讀，我發現很多新興宗教很著重醫治和身體健康。不論透過食物還是另類治療，身體是他們的救贖論的一部分。當然，這沒有排除那些只講靈魂救贖的新興宗教，但這類型的新興宗教已不再是主流。強調身體健康和醫治並非不可以解釋。例如，若按Anthony Giddens 理解，現代性使人更專注個人生活和親密的人際關係時，新興宗教對醫治和身體健康的關注正配合現代性的特性。因為身體是人對自主性最真實和最後的體會。

若以上觀察和理解有一定合理性時，基督教又如何？近三十年來靈恩運動的發展與新興宗教的發展有異曲同工之妙。第一，靈恩運動很著重身體醫治。當然，這不排除心靈醫治，但從見證者的內容來看，身體醫治似乎是它的賣點。第二，強調身體醫治正配合現代性的特性。這解釋為何不是靈恩傳統的基督徒也跑去靈恩教會，不是靈恩傳統的教會也搞成靈恩教會。

若將現代性、新興宗教和靈恩教會放在一起時，我有以下觀察。第一，若沒有靈恩教會對醫治的著重和對個人感受的肯定，基督教好可能已失去其吸引性。換句話說，靈恩運動將基督教救回來。事實上，若佛教和道教加把勁推廣素食和養生文化，基督教的發展將更難。

第二，靈恩運動與新興宗教很類似。這是否反映人的靈在同一時代在不同宗教傳統有相類似的體驗？我在這裡並不是處理聖靈的工作，而是當聖靈與人的靈不是對立時，靈恩運動可以理解為人的靈與聖靈的同工。那麼，那些不認識和不接受聖靈的新興宗教也能反映人的靈的追求。從這角度來看，宗教經驗的相似性不足為奇，甚至某層面的宗教經驗（查實，這可能是人的靈之經驗，而不必然是邪靈）分享是可行的。

第三，若現代性也關乎政府以科技控制社會，新興宗教的出現就是對這種控制下的秩序之抗議。一方面，這抗議可以被理解為破壞秩序；另一方面，這抗議也可理解為對現代性的不信任。那麼，問題在於社會是否可以容忍新興宗教的挑戰？同樣的邏輯也可套用在靈恩教會身上。意即，福音派教會是否可以容忍靈恩教會的「攪亂」？是否看見它的「攪亂」反映信徒對福音派教會的不信任？

膜拜團體

日前，我有機會出席由中國社會科學院世界宗教研究中心主辦的膜拜團體學術會議（cultic studies）。出席者主要是社會學家。在社會學下，宗教是一個可解釋的現象。宗教經驗並沒有甚麼獨特之處，它受社會影響，並隨著社會改變而改變。縱使一位台灣的出席者嘗試從宗教學層面討論膜拜團體的宗教經驗，但社會學家對這種形而上的事不感興趣，也無意追問。他只好失意地消失了。

會議中，有令人甦醒過來的一幕，就是有兩位參加者分別從很保守的基督教角度討論教內異端與教內邪教。他們的特別之處不是因為他們的論文有很獨特的見解，而是因為他們的用詞和角度正是一個膜拜團體的實例，例如唯我獨尊、缺乏自我反省、鼓勵用嚴懲方法對待異己等等。莫怪有人認為反膜拜團體已成為另一種膜拜團體了。

或許，身處一國兩制和解放神學傳統下，我對於膜拜團體傾向同情。就以六、七年前的法輪功為例，我反對在香港制定針對膜拜團體的宗教法例（很多歐洲國家已制定），因為這是對宗教自由的限制。此外，我反對「洗腦」這理念，因為這是上一世紀五十年代韓戰後美國提出的理念。這是基於政治意識形態多於臨床實驗。弔詭的是，美國政府已於一九九〇年代放棄接受這理念的有效性，但歐洲政府仍以不同名字將「洗腦」這理念表達出來。

雖然我不接受「洗腦」，但我接受人因他本身在社會經濟、身分認同、人際關係和智力上的弱點，以致很容易成為某些膜拜團體的受害者。坦白說，他們本身的弱點足以成為任何組織的受害者。

會議中，我認識一位德國朋友正從事有關對離開膜拜團體者的照顧和輔導。她的組織提供住宿安排。不論是因洗腦還是因個人的弱點，有部分離開膜拜團體者需要重建他們的自信、溝通能力、判斷、生活技能和情緒等等。這需要很持續和貼身的照顧，而非只靠一週一次見面輔導。教會可以提供這樣的服務嗎？

或許，更基本問題是，教會是否適合參與？若宗教團體並不適合參與的話，這角色由誰承擔？若以醫院牧關服務為例，我並不太樂觀，因為不同宗教沒有分享同一個牧關部，各做各。同樣地，我對於各宗教就對離開膜拜團體者照顧和輔導的合作並不樂觀。看來，我們只有等有心人。

裸照

從對主體性的考慮，有人認為裸照本身不是甚麼大不了的事情。重點在於當事人是否願意公開，而不是裸照本身及與其相關男女關係。持這論點者認為阿嬌的公眾道歉（編按：指二〇〇八年初有藝人慾照在網上廣泛流傳，「阿嬌」鍾欣桐就事件向公眾致歉）反映她的主體性很弱，並受傳統社會意識控制，以致沒有勇氣肯定自己所做的事。相反，她應站出來，承認相片中的人是自己，並批判發佈照片者對她的侵犯（未經她的同意）。此外，她更應批判警方那錯誤的淫褻指控。

以上論點是一種對笛卡兒（R. Descrates）和康德對主體性理解之伸延。意即，在強烈主體性下，我才是對外在事物判斷的準則。相反，黑格爾和馬克斯所著重的主體性是強調人的自我形塑之歷史企劃。雖然他們也強調自我形塑和自我實現，但這一切不是從脱離歷史中發生。此外，我們當下對人的認識是從人的關係性開始。關係性所代表就是文化歷史、社會制度和與人際的關係。那麼，一種不理會哈伯瑪斯（J.Habermas）所講的生活世界（lifeworld）之主體性，只會是一個不需要對話（即不理會別人），並活在自我世界的人。這樣説法不是要將個體受制於某種文化意識形態，而是不要以為擺脱文化意識形態就等於主體性確立。因此，在批判當下對身體論述的不滿時，批判者不應以為他的批判就必然代表自主。

說回來，甚麼是色情（或淫褻）？是否可以有裸體（甚至性愛）而不色情（或淫褻）？簡單來說，色情是包括任何不同對性表達的物件，目的是要滿足或產生閱讀者（觀看者）性慾。對於如何評論色情，不同社會有不同看法。

第一，任何有關對小童的性表達之物件都是道德錯誤。這是沒有爭議。

第二，色情所反映是對另一性別的暴力、控制、侮辱和蔑視，而往往藉此賺取金錢。這是道德錯誤，也沒有爭議。

第三，色情違反貞節。以天主教為例，它認為「色情將真實的性愛從與配偶的親密關係轉向對第三者展示。」「貞節就是一個人成功地將性的整合。」色情者就是對慾望的失控，也將性與愛分割。對於這理解，社會存在爭議，因為這理解沒有分辨公開表達、暴力與非人性的性。意即，我們是否可以接受性的公開表達，但當中沒有暴力和非人性，反而有平等和相互性（但沒有所謂的藝術成分）？這不接受是基於社會文化和秩序理由還是道德理由？社會文化和秩序是否合理或是否必然壓迫性？

二○○七年《香港中文大學學生報》的情色版，就是對貞節某種反抗的一例。我們不需要對當下挑戰傳統性論述過分緊張，反而應藉此開放地檢視傳統性論述的優與劣。

性與性慾、色情與情色

性教育是關乎對與性相關課題的認識，內容包括生理、性別關係、心理、社會風俗和道德等等。奇怪的是，當下性教育甚少提及性慾（*eros*），即由性帶來的歡愉。縱使有提及，但經常以兩種形式出現：第一，與避孕和墮胎有關；第二，將性的歡愉與婚姻連結，而由此產生所謂「婚前性行為」的課題。雖然這兩種處理回應了因滿足性慾而需要有的考慮，但卻沒有開放地探討性慾在性教育的角色。結果，性慾變成一件很私人的事、婚姻生活的事、不可以開放討論的課題，和要小心防範的事。又性慾往往被視為容易導致慾火攻心，一發不可控制，所以，禁止和少講性慾往往是被採納的態度。以上的憂慮有它的合理性，但當性教育不開放地處理性慾時，其他人或媒體就乘虛而入，提供賣弄色情和扭曲性的性慾「教育」。

理論上，性慾的表達有別於色情，更談不上淫褻。或許，性慾的表達與不雅可能有一定關係，因為不雅受社會文化影響。雖是如此，但實際上，性慾的表達與色情有很微妙的關係。例如，一幅裸照（拍攝技巧扮演一個很重要的角色）使觀看者產生性慾（甚至性幻想），但這相片不必然等於色情，因為色情牽涉對相中人的暴力、侮辱，並以經濟利益為目的。相反，性慾的表達不是為了刺激閱讀者的慾念，而是將其歡愉表達出來。因此，不是一切裸照和性愛片段就是色情。當然，我承認這永遠存在爭議。雖是如此，但這不等於我們就要選擇用最保守和最保護的態度來看待這些性慾表達，因為最保守和最保護的方法可能將性慾的表達完全排除。結果，我們的性教育再給其他人或媒體完全控制。

談到社會如何描述那些對性慾表達有興趣觀看的人時，男的通常被稱為「咸濕佬」，女的通常被稱為「發姣」。為了避免有「咸濕佬」之嫌，男人不但壓抑自己的性慾，更統稱一切性慾的表達為色情，甚至「靚女」這詞彙都不講。女人的情況可能比男人更不濟，因為在男性主導的社會下，女性對性慾表達的欣賞就會被視為放蕩。我們承認有男人是「咸濕佬」和有女人「發姣」，但這不是唯一合適詞彙用來描述性慾的感受。若言語本身就有其價值，是一種思想導向的話，我們就需要創造新詞彙來分辨和回應一種不淫褻，但有歡愉的性慾表達。例如，有人將色情説成情色來挑戰。情色可以是對色情一種包裝，但若只從這角度來看一切色情的話，性慾仍沒有好好被理解，反而進一步受壓制。

有關對性慾和性慾表達，我認為我們需要建立新的詞彙。若情色只是一個可能，我們還有其他選擇嗎？或許，詞彙的缺乏正反映我們社會對性的偏頗觀念。

死與生

母親於二〇〇八年二月二十日離世了。對我們來說，她的離世很突然。離世前數天，她還可以行動自如，與朋友吃飯飲茶。甚至到離世前一日，她還到街市買菜，為我自創一道小菜。或許，用「突然」來描述離世總不恰當，因為生命的存活豈是人可以控制呢！再者，我們社會豈不是追求不帶痛苦的死亡嗎？雖是如此，在沒有心理準備下，她的死實在太突然了。

有兩位教會朋友知道此事後，先後問我：母親是否信了主？對於他們的問題，我有點不舒服。心想：若答，她還未信主，他們會如何回答？他們會否說：「我為她祈禱？」我沒有心情做以上的測試，只以她信了主，打發他們走。有些基督徒就是這樣奇怪，對人情世故毫無認識，但卻很熱情傳福音。結果，福音就被他們「醜化」了。

母親有一位朋友常常問她：「你的孩子有否跟你講耶穌？」她說：「沒有，因為耶穌不是從口講出來，而是從生活實踐出來。我的兒子就是用他的生活向我講耶穌。」母親沒有評價我是否成功講出了耶穌，也沒有表示她跟耶穌的關係，但她的答覆對那些很熱心講耶穌的人當頭棒喝。當然，她的話亦成為我對自己生命的提醒。不論做得好或做得差，願人在我身上總看見上主的恩典（寬恕與改造）。

耶穌說：「一粒麥子不落在地裡死了，仍舊是一粒，若是死了，就結出許多子粒來。」（約十二24）若死亡帶來新生的話，母親的離世又帶來甚麼新生？這幾天，我開始認識到，死亡不只帶來關係的中斷，也可以帶來關係的重新結連。從朋友口中知道，他的母親離世竟然使已破壞的兄弟姊妹之情再次連上，使失去的關係再次回復。這豈不是新生的意思嗎？或許，我們會惋惜地說，為何要到母親死亡後才發生呢？但若她不死，關係可能不會有修補的可能，不是因為她是關係修補的障礙，而是因為她的死帶來新生的可能。這正是當下我的經歷。為著已離世的母親，我們悲傷，但因著新生關係的誕生，我們歡喜。在悲哀與歡喜交織下，我們在今天（二〇〇八年三月九日）將母親的遺體交在上主手中。

《時代論壇》簡介

創辦於一九八七年的《時代論壇》，是一份應時代需要而出版的週報，由一群對香港教會有承擔的牧者及信徒所發起。主要目標是在這急速轉變的時代中，提供時事和社會分析，輔助信徒洞察時變，積極回應時代的需要，發揮基督徒先知的責任；同時希望能建立資訊網絡，迅速傳遞信息，並促進教會彼此聯繫、建立共識、互相支援。

《時代論壇》創刊時，其角色和使命都十分清晰，它從來就不是市場主導的產物。在無休止的紛爭、矛盾和負面的資訊世界中，《時代論壇》仍舊以單純的信念，理性的思辯，以耶穌基督的心為心，用心去報道及評論，並提供互動空間，彼此豐富和勸勉。

《時代論壇》由資深報人李錦洪先生任社長兼總編輯，逢星期日出版，印刷版及網上版(網址：http://www.christiantimes.org.hk)同步發行，讀者超過四萬人。

「在講求競爭化的年代，我們憑甚麼和別人競爭？力量，來自過去；力量，源於三一真神的應許。」(李錦洪，〈社長的話〉，載於《時代論壇》網站。)

訂閱及廣告查詢：
電話：(852) 27857688　傳真：(852) 27858335
電郵：info@christiantimes.org.hk